SUMÁRIO

Capítulo 01 11
Capítulo 02 17
Capítulo 03 29
Capítulo 04 39
Capítulo 05 47
Capítulo 06 61
Capítulo 07 69
Capítulo 08 77
Capítulo 09 87

Capítulo 10 101
Capítulo 11 111
Capítulo 12 123
Capítulo 13 135
Capítulo 14 151

1000

FÁTIMA MOURA

PELO ESPÍRITO
LUIZ IGNÁCIO FLUORENTINI

MINHAS MÃES VIVEM *em* OUTRO MUNDO

CAPIVARI-SP • 2019

A Editora EME mantém o Centro Espírita "Mensagem de Esperança" e patrocina, junto com outras empresas, instituições de atendimento social de Capivari-SP.

1ª edição - maio/2019 - 3.000 exemplares

CAPA | André Stenico
DIAGRAMAÇÃO | vbenatti
REVISÃO | Letícia Rodrigues de Camargo

Ficha catalográfica

Fluorentini, Luiz Ignácio, (Espírito)
Minhas mães vivem em outro mundo / pelo espírito Luiz Ignácio Fluorentini; [psicografado por] Fátima Moura - 1ª ed. maio 2019 - Capivari, SP: Editora EME.
160 pág.

ISBN 978-85-9544-102-6

1. Romance mediúnico. 2. Suicídio.
3. Adoção. 4. Aparição e comunicação de espírito.
I. TÍTULO

CDD 133.9

APRESENTAÇÃO

INFELIZMENTE AINDA, O suicídio tem feito muitas vítimas. Casos de depressão, de síndrome do pânico e outras disfunções variadas, que vêm sendo identificadas como "doenças da alma", acometem os encarnados em todas as faixas etárias de suas vidas na Terra, levando-os à possibilidade de tal ato.

As dificuldades de aceitação, tanto sociais quanto morais, excesso de materialismo, o medo perante as provas que precisam ser vivenciadas e aprendidas e, principalmente, a falta de resignação às leis de Deus, têm feito muitos "reféns" entre os grupos terrenos, mesmo em tenra idade, tornando-se fato preocupante entre pais e educadores de todo o mundo.

O suicídio é a negação da vida e o gesto suicida vem acompanhado de um remorso extremo. A maioria dos suicidas, depois que toma consciência do fato, daria tudo para poder apagar o gesto impensado. Debatem-se e se afundam em suas lutas internas, atravessando um longo período de transição e tendo que aguardar o tempo certo para uma nova reencarnação.

Os sofrimentos que causamos à nossa vida são consequência de nossas próprias imperfeições. Deus age através de Suas Leis, que se assim podemos dizer, estão impressas em nossa consciência. E é essa consciência, quando transgredimos essas Leis, que entra em ação para nos mostrar as consequências desses erros e o que será possível fazer para consertá-los.

Em uma existência passada, fraquejei perante essas Leis, a médium que me recebe também, e o meu objetivo ao trazer essa história a público, é poder ajudar tanto mais pessoas quantas forem possíveis a aprender a valorizar a grande oportunidade que nos é concedida a cada dia, pelo grande arquiteto do Universo, que é a vida que nos acolhe e recebe. Escolha a vida!

Luiz Ignácio Fluorentini,

março de 2018.

cap 01

DANILO CAMINHOU PELAS ruas desertas até chegar ao cais. Àquela hora a pequena cidade do interior estava mergulhada em profunda névoa. Já passava da meia--noite.

Ficou parado na mureta, observando o

mar. A noite havia caído muito rápido e ele nem havia se dado conta.

Saiu de casa logo após o jantar e ficou vagando sem rumo, até se encontrar ali, envolvido pelas sombras da noite e totalmente perdido em seus pensamentos sombrios.

Um vento frio e ameaçador soprou aos seus ouvidos lhe arrepiando a coluna e o rosto imberbe. Danilo tocou a própria face e tentando se aquecer um pouco mais, escondeu as mãos geladas no bolso da jaqueta de couro que vestia, presente de seu pai no dia anterior, na noite em que havia comemorado o seu décimo oitavo aniversário.

As emoções do acontecimento ainda estavam vívidas em sua mente. A festa havia sido programada para ser maravilhosa entre os componentes de seu círculo social. A alegria de seus parentes, amigos, seus entes queridos, avós e tios ainda se insinuava em sua mente, mas a dor de ouvir a cruel revelação parecia não cessar nunca, causando a ele um profundo mal-estar.

Adotado! As palavras ainda martelavam em sua mente. Sentia-se frágil, ingênuo, enganado. Não era justo que houvessem mentido a ele, sobre um assunto tão importante.

Lágrimas de desespero e dor caíram desordenadamente de seus olhos tristes.

Como encarar aqueles que julgava serem seus pais "verdadeiros"? Como fingir que nada aconteceu, que ainda eram uma família feliz?

Descobriu, com tristeza, que estivera envolvido em um mundo de mentiras e traições.

Como fora tolo! Tantas evidências, as diferenças físicas, tudo isso ficara escondido durante tanto tempo e ele nem se dera conta.

Em meio a sua dor, sentiu raiva daquele Deus que fora ensinado a respeitar por seus pais desde que era criança. Será que Ele não o amava, não se importava com ele? Como

Deus havia permitido que tamanha tragédia se abatesse sobre sua vida?

Já não bastava ter perdido sua mãe, seis meses antes? A dor de saber que nunca mais poderia fitar seus olhos doces e meigos, que sempre lhe falavam com tanta doçura, lhe queimava a alma. Amava-a muito, apesar de agora saber que ela não era sua mãe "verdadeira". E seu pai, o homem que era seu exemplo de vida, seu herói e que planejava para ele a sucessão nos negócios da empresa? Sua irmã Lídia, de quem tinha tanto orgulho e se fazia protetor? Sua tia Angelina, irmã de seu pai que ajudara em sua criação com tanto zelo? Agora, depois daquela revelação, todos eram para ele verdadeiros estranhos, já que agora sabia não tinham o mesmo sangue correndo em suas veias.

Danilo enxugou as lágrimas na manga da jaqueta. Sentia-se o mais infeliz dos mortais. De repente, em meio a sua dor, sua atenção foi despertada para um pequeno alvoroço.

Um grupo de homens bêbados que brigavam entre si e que falavam muito alto apontou, no fim da rua estreita, fazendo extrema balbúrdia e antes que aquele momento se tornasse um encontro desagradável, Danilo resolveu voltar para casa.

A caminhada pelas ruas sombrias e desabitadas pareceu uma eternidade. Entrando em casa sorrateiramente, dirigiu-se até seu quarto que ficava no segundo andar, jogando-se rapidamente na cama. Precisava pensar. Decidir o que fazer de posse daquela revelação.

Pensamentos malévolos se infiltravam desordenadamente em sua mente enferma e dolorida. Fora traído por aqueles a quem mais amava e seu coração não conseguia aceitar esse fato.

No escuro de seu quarto, deixou que lágrimas de desespero lavassem sua alma. Seu pai sempre havia lhe dito que homens não choravam, mas sua tristeza era tanta, que seu coração parecia arrebentar de tanta dor.

Se tivesse coragem, terminaria com tudo aquilo num piscar de olhos. Se realmente fosse corajoso, tomaria uma atitude, mas sentia-se um covarde e covardes mereciam o desprezo do mundo.

Depois de algumas horas de solidão e desespero, Danilo adormeceu, disposto a pôr fim àquela situação.

cap 02

NO DIA SEGUINTE, acordando atrasado, Danilo não desceu para tomar o café da manhã com seu pai, sua tia e sua irmã antes de ir para a escola.

Ao passar pela espaçosa copa, onde todos já estavam reunidos, alegou ter uma prova no primeiro tempo de aula e que tomaria café na cantina da escola.

Saindo a passos rápidos, galgou a rua apressadamente, disposto a se afastar o mais rápido possível daquela cena.

Na verdade, não se sentia com coragem para enfrentá-los. Queria fugir rapidamente dali, não ter que encará-los para cobrar deles as explicações de que necessitava. Ainda podia se lembrar da conversa que ouvira entre seu pai e sua tia Angelina, que era uma espécie de conselheira de seu pai e que morando também na espaçosa mansão, muito havia ajudado em sua criação e na de sua irmã, já que seus pais trabalhavam fora e viviam o tempo todo envolvidos com os negócios das empresas da família. Ao entrar no escritório, a fim de avisar seu pai sobre a chegada do tio Otávio, seu amigo e sócio, ouviu quando sua tia disse ao irmão:

– Antônio, hoje Danilo completa dezoito anos e de posse de sua maioridade, creio que seria justo que soubesse o nosso segredo.

A reação de seu pai foi alarmante.

– Você está louca, Angelina? Imagina o que seria de nós, de nossa família, se Danilo soubesse que é adotado? Foi criado por nós desde os primeiros meses de idade, e é como se fosse nosso filho de verdade. Danilo jamais deverá conhecer sua origem.

Então era isso. Durante dezoito anos, sua vida fora um verdadeiro segredo, uma incógnita, assim como tudo que remontava as origens de seu nascimento. Fora criado com tanto esmero, preparado para ser o sucessor de seu pai na liderança das empresas no ramo pesqueiro. E agora, ao saber-se adotado, percebeu que tudo havia sido uma farsa. Quem era ele, afinal? De onde viera? Quem eram seus pais? Por que seu pai adotivo havia ficado tão nervoso mediante aquela revelação? Era isso que Danilo precisava descobrir.

Ao chegar à escola, encontrou Marcos, jovial e sorridente, que notou seu semblante abatido.

– E aí, Danilo? O que houve? – perguntou o rapaz acercando-se dele.

Danilo esquivou-se do amigo, a fim de não ter que dar algum tipo de explicação.

– Nada, não houve nada, Marcos. Só dormi mal essa noite.

Outros dois amigos, João Carlos e Renan também se aproximaram.

– O que houve, Danilo? Que bicho te mordeu? Está mesmo com cara de segunda-feira – disse Renan.

– Verdade, meu amigo. O que está acontecendo? – arrematou João Carlos.

– Me deixem em paz! – Danilo conseguiu dizer afastando-se dos rapazes a passos rápidos e entrando rapidamente na sala de aula.

Aquela revelação havia afetado toda a sua vida, até a convivência com os amigos. Como confessar seu segredo? Como conseguir olhar nos olhos daqueles que o julgavam o verdadeiro herdeiro, o real sucessor do senhor Antônio Mendes Aguiar, o homem mais poderoso daquela cidade longínqua do interior da Bahia?

A verdade é que Danilo já havia tomado uma decisão. Assim que todos dormissem, iria novamente até as docas. Era um local escuro, deserto e ali poderia ficar à vontade para realizar seu intento. Ninguém saberia de nada e quando dessem a falta dele, já seria tarde demais.

Sua cabeça fervilhava de emoções diferentes. Não conseguia se concentrar em nada.

Esperou ansiosamente pela noite. Logo após o jantar, saiu sem que ninguém notasse, disposto a encontrar uma solução para sua vida.

Era a segunda vez que voltava àquele lugar, pelo menos dentro daquelas circunstâncias. Um clima de nostalgia invadiu sua alma e desejou ardentemente poder acordar daquele pesadelo que lhe consumia a alma.

Danilo fechou os olhos com força. Ao fitar o mar, se questionou se teria mesmo coragem de realizar o que viera fazer ali. Julgando-se realmente sozinho, desejou se perder nas águas azuis daquela baía que refletia nela, a luz de um luar que parecia sensibilizar o mais fundo do seu ser.

Danilo continuou envolto em seus pensamentos. Foi quando uma voz suave, mas firme, se fez ouvir ao seu lado.

– Se eu fosse você, não faria isso! Você irá se arrepender por toda uma eternidade!

Danilo fixou bem os olhos na escuridão e observou muito próximo a si, uma jovem mulher, que o fitava com interesse.

– Quem é você? Não te vi aqui quando cheguei – perguntou assustado ante a inesperada companhia.

A mulher respondeu serena, sem desviar o olhar do rapaz.

– Não importa quem eu seja, quero apenas que você não tome nenhuma atitude impensada da qual você venha a se arrepender amargamente.

Danilo desabou num choro convulsivo. Sentiu-se envergonhado por estar chorando na frente de uma pessoa desconhecida, mas precisava soltar as amarras, desabafar a sua dor.

– Por que me olha assim? Não me julgue! – e como a desconhecida continuasse a fitá-lo, continuou: – Decidi colocar um fim em meu sofrimento. Não suporto mais não saber quem eu sou, de onde vim!

A mulher chegou mais perto do jovem, que ainda continuava espantado ante a sua presença e falou com voz suave.

– Então você se acha a pessoa mais sofredora do mundo? Acha que só você tem problemas e que Deus deveria poupá-lo de seus sofrimentos?

Danilo respondeu ainda com a voz embargada:

– Eu fui traído, enganado, aviltado e não consigo aceitar esse fato.

A mulher continuou com voz mansa:

- Na vida, todos somos enganados de alguma maneira, Danilo! Isso é inevitável.

Danilo ficou realmente espantado. Quem era aquela desconhecida que lhe falava com firmeza e também com doçura?

- Como você sabe meu nome, você me conhece?

A mulher, ignorando a pergunta, continuou a falar com voz solene:

- O que sei é que dar fim à própria vida, ao invés de tentar achar uma solução e acalmar seu coração, se transformará num longo caminho de dor e sofrimento.

E como Danilo ainda a ouvisse atentamente, continuou:

- Você acabou de fazer uma importante descoberta que vai redirecionar toda a sua vida. Não é verdade que esteve se perguntando sobre a existência de Deus? Não disse muitas vezes, por que tudo isso aconteceu comigo?

Danilo estava perplexo.

- Sim, mas...

- Do que adianta acreditar em Deus se não posso lhe fazer perguntas? Não foi isso que gritou em voz alta? - continuou a desconhecida.

- É verdade, eu disse isso, mas...

- Não acabou de perder sua mãe?

Danilo estacou ante os questionamentos da desconhecida e respondeu com voz trêmula:

- Sim, faz seis meses que ela se foi, infelizmente. Bem, falo de minha mãe adotiva. Minha mãe biológica não conheci. Só agora descobri que sou adotado.

A mulher fitou Danilo com olhar terno.

- Nessa última noite você esteve conversando com sua mãe. Fez muitas perguntas a ela, falou de suas dores e de seu sofrimento moral e ela prometeu ajudá-lo em nome do imenso amor que sente por você.

Danilo tinha a voz embargada quando perguntou:

- Isso é realmente verdade? Eu sonhei com minha mãe? Como não me lembro?

- Sim, você sonhou, mesmo que não se lembre, e eu sou a resposta a todas as suas perguntas.

Danilo estava lívido e perguntou ansioso.

- Você... é amiga da minha mãe?

Pela primeira vez a mulher sorriu, deixando para trás o ar solene em que estivera envolvida.

- Podemos dizer que sim.

Danilo não podia crer naquela revelação. Quem sabe, através daquela mulher que conhecera tão inesperadamente, poderia encontrar sua mãe biológica e as respostas que precisava para seguir com sua vida.

Danilo continuou atropelando as palavras.

- Se conhece minha mãe Laura, então talvez você possa me ajudar. Onde a mãe que me gerou está? Onde mora? Como poderei encontrá-la?

Um enorme silêncio se fez entre ambos. Danilo segurou o rosto com as mãos e cerrou os olhos a fim de reter as emoções daquele momento, mas quando levantou os olhos a fim de continuar a conversa, a estranha mulher havia desaparecido.

Danilo ficou perplexo. A mulher partiu tal como chegou e ele ainda se perguntava se tudo aquilo havia realmente acontecido. Se não fora um sonho, imaginação ou o reflexo de sua mente enferma de dor e solidão.

Assustado, depois de se certificar que a mulher realmente não estava mais ali, retornou para casa, e, enquanto caminhava pelas ruas desertas, deu vazão a seus pensamentos.

"Aquela mulher me disse que conhecia minha mãe Laura... Como é possível, se eu jamais a vi em casa, em visita a minha família, se é, para mim, totalmente estranha...?"

Danilo não conseguia achar nenhuma resposta plausível àquelas indagações. O certo é que a conversa com aquela mulher, que o jovem não sabia de onde viera, o havia feito desistir de seu intento malévolo.

Do outro lado da cena, para aqueles que o amparavam, o mais importante de tudo é que Danilo resolveu viver, a fim de descobrir todas as respostas que precisava.

cap 03

NAQUELA MANHÃ, DANILO acordou bem mais disposto. Tomou o café da manhã com sua irmã e sua tia, que comentaram ter sentido sua falta na manhã anterior e durante todo o dia.

Seu pai já havia saído para o trabalho. Muito em breve, segundo ele, Danilo estaria pronto para ajudá-lo junto à empresa de exportação pesqueira. Desde criança Danilo estava sendo preparado para isso.

Na escola, sentiu-se mais à vontade. Conversou com os amigos e, na hora do recreio, até comentou com eles sobre as provas do concurso vestibular que pretendia prestar para a faculdade de administração que ficava em outro município.

Durante as aulas do segundo tempo enviou um olhar atencioso para Sônia, a menina mais bonita da classe, e que ele sabia faria tudo para se tornar sua namorada.

A jovem retribuiu com sorrisos e na saída da aula, avistando o ônibus que já a aguardava para conduzi-la de volta a casa, Danilo se aproximou da jovem, e falou apressado tocando-lhe o braço.

– Vamos nos encontrar hoje à tarde? Preciso muito falar com você.

– Está bem, me espera na praça, em frente

ao relógio – respondeu a menina, caminhando apressada até o carro.

Danilo retornou para casa e almoçou com a família. Depois do almoço, ele e a irmã Lídia conversaram sobre algumas atividades da escola e como seria importante para ele ingressar naquele curso universitário. As duas e trinta, alegando precisar ir à casa de Marcos, saiu para encontrar Sônia, tal como havia combinado.

Sônia era uma menina meiga e interessante, sua colega, na turma do terceiro ano médio. Danilo sabia que ela não lhe era indiferente, na verdade, que ela o amava, mas preferia manter-se longe de problemas no campo afetivo. Tentava encarar Sônia apenas como uma amiga, optando por manter distância de qualquer relacionamento que o afastasse de seus objetivos.

O grande problema relacionado a Sônia é que suas famílias pertenciam a classes sociais diferentes e seu pai já havia demonstrado que ficaria mais contente se ele se relacionasse com Bárbara, menina rica, fútil e vaidosa, que era filha de Otávio Novaes, seu grande amigo e sócio.

Naquela tarde, Danilo foi encontrar Sônia na praça. Naquela pacata cidadezinha do interior, onde não havia shoppings, nem outros tipos de diversão, os encontros aconteciam ao ar livre, à vista de todos os passantes.

- Oi, Danilo, tudo bem? - perguntou a moça ao ver Danilo.

- Estou tentando ficar bem, Sônia, dentro do possível - respondeu o jovem.

Sônia ficou tímida ao perguntar.

- Você está passando por algum problema grave? Tenho notado que está diferente ultimamente.

Danilo não conseguiu esconder a dor daquela revelação. Afinal, a jovem estava tentando ser sua amiga e ele precisava mesmo de um ombro amigo naquela hora.

– Eu estou muito triste, Sônia, muito triste.

Sônia ainda tímida tomou-lhe as mãos nas suas. A jovem amava Danilo e vinha sufocando aquele amor desde o primeiro dia em que se conheceram.

– O que houve? Tenho certeza de que se me contar, você irá se sentir melhor.

Danilo, depois de alguns instantes, revelou com voz solene.

– Fiz uma terrível descoberta. Não sou o filho "verdadeiro" do senhor Antônio Mendes Aguiar, o homem mais poderoso dessa cidade. Sou um joão ninguém, um enjeitado, fui adotado!

Sônia, assumindo estado de palidez, assustou-se com a amarga revelação.

– Você tem certeza disso?

Danilo quase gritou ao responder:

– Sim, tenho. Na noite do meu aniversário, ouvi uma conversa entre meu pai e minha tia Angelina. Minha tia pediu a meu pai para que me contasse que eu era adotado, mas ele ficou muito nervoso, gritou com ela e disse que jamais faria isso.

A jovem, com voz trêmula, insistiu ainda:

- O que você pretende fazer agora?

Danilo respondeu pausadamente:

- Não sei Sônia, realmente não sei, mas essa revelação me deixou num estado de grande frustração. Fui enganado pelas pessoas que mais amo e que julgava me amarem. Estou desorientado.

Sônia, tocando-lhe o braço com firmeza, respondeu com decisão.

- Eles podem não ser seus pais "de verdade", mas sempre te dedicaram muito amor. A você e a Lídia. Lembro-me de sua mãe, dos lanches gostosos que ela preparava nos finais de semana quando eu ia brincar em sua casa e do quanto ela sentia orgulho de você.

Os olhos de Danilo entristeceram. Em sua tela mental, reviveu a imagem da mãe, das brincadeiras, dos almoços em família. Como a amava e como lhe doía saber que ela também o deixara crescer envolvido em toda aquela mentira.

Sônia lhe tomou as mãos nas suas.

– Danilo, fica tranquilo. Tudo vai se resolver. Não sei os motivos que levaram a sua adoção, em seu caso particular, mas tenho certeza de que o melhor foi feito para ambas as partes.

Danilo parecia nervoso quando respondeu:

– Tenho minhas dúvidas, Sônia, porque ouvi quando meu pai afirmou que eu não deveria conhecer as origens que envolveram o meu nascimento.

– Converse com ele, diga que ouviu sem querer e que merece saber a verdade, que esse fato está afetando sua própria vida – arrematou ainda Sônia, ante o rapaz que a fitava espantado.

Um longo silêncio se fez e os dois, sentados lado a lado, se ampararam em sua solidão.

"Se Sônia soubesse que por causa de tudo aquilo eu até havia pensado em desistir da vida. Se ela soubesse..." pensou alarmado.

Nesse momento, um carro conversível cruzou a praça. Era Renan que os viu conversando e buzinou para ambos, seguindo em frente em marcha lenta, fato que deixou Danilo extremamente desconfortável. Sendo um jovem tímido, podia antever os comentários no dia seguinte, quando chegasse à escola.

Depois de alguns instantes, conseguiu dizer:

– Obrigado por vir e por me ouvir.

Sônia sorriu um sorriso triste.

– Sabe que sou sua amiga. Que pode contar comigo, quando precisar...

Danilo ficou sem palavras. Em seu íntimo, sentia muito por não poder retribuir o seu amor. Se ele pudesse lutar contra tudo e contra todos, lutaria por Sônia, lutaria por sua vida e por sua vontade de ser alguém, de ser feliz, de amar e ser amado!

Como viera sem carro, acompanhou a jovem até a porta da casa onde morava. Enquanto caminhavam pelas ruas tranquilas da cidade, agradeceu a Sônia, em pensamento, o amor que ela lhe dedicava e o quanto aquele encontro lhe fizera bem.

Sentir-se amado o tornava mais forte para resistir àquela tempestade que havia se abatido sobre a sua vida.

cap 04

NAQUELA NOITE, DANILO se recolheu mais cedo ao seu quarto. Aos poucos, estava tentando fazer com que sua vida voltasse ao normal. Já havia trocado algumas palavras com seu pai e sua tia, mas ainda lhe faltava coragem para questioná-los sobre aquele segredo que pairava sobre sua família e do qual ele já havia tomado conhecimento, mesmo que eles não desconfiassem.

Deitou-se, ouviu um pouco de música, mas a verdade é que não conseguia esquecer a mulher misteriosa que havia lhe aparecido na noite em que julgara poder acabar com todo aquele sofrimento.

Uma semana já havia se passado e Danilo ainda não havia criado coragem para ter uma conversa com seu pai e sua tia. Pretendia revelar que já sabia de seu segredo, que havia ouvido a conversa dos dois na noite de seu aniversário e que havia ficado muito triste com a mentira que envolvia toda aquela situação, mas algo dentro de si protelava aquele momento que sabia tão desagradável para ambas as partes.

Cerrou os olhos com força. Uma leve dor na cabeça o fez procurar um analgésico, que bebeu com sofreguidão. Queria poder orar, conversar com Deus, abrir-lhe seu coração mesmo que fosse para cobrar d'Ele as respostas que tanto necessitava, mas era em vão. Reconhecia que sua relação com Deus andava meio desgastada. Deitando-se novamente, sentiu suave torpor a lhe tomar o corpo e um aroma diferente se insinuou pelo quarto. Tentou relaxar, não pensar em nada, até que, ao abrir novamente os olhos, teve uma surpresa.

- Olá, Danilo, está mais calmo? Como anda se sentindo?

Danilo pulou da cama com o susto. A mesma mulher que estivera com ele nas docas, naquela noite fatídica, agora estava ali novamente, fitando-o com olhar bondoso.

- Você aqui de novo? O que você quer de mim? - perguntou nervoso.

A mulher respondeu calmamente:

- Creio que sou eu quem deve lhe fazer essa pergunta. Foi você que me atraiu até aqui.

- Como? Eu atraí você? De que maneira?

– Através do seu pensamento!

Danilo aquiesceu com leve sorriso. Parecia que a estranha podia ler o seu interior.

– Não posso mentir para você – respondeu. – Estava realmente esperando poder vê-la de novo.

A desconhecida se mostrou confiante:

– Isso é muito bom, prova que você está em busca de conhecer um pouco mais sobre a vida e do porquê de existirmos.

Danilo continuou a conversa curioso:

– E o que você pretende me mostrar que eu ainda não saiba?

A mulher assumiu um ar austero quando falou:

– Não quero convertê-lo a nenhuma nova fé ou a qualquer filosofia nova. O que pretendo fazer é lhe falar sobre a questão da vida e da morte, da evolução e do conhecimento.

Danilo continuava perplexo enquanto a mulher continuava a falar:

– No que você acredita realmente?

Danilo gaguejou quando respondeu:

– Em um Deus para quem não posso fazer perguntas fica difícil acreditar..., mas bem que eu gostaria de ter uma fé que me ajudasse a vencer o difícil momento pelo qual estou passando.

– Você segue alguma religião? Frequenta algum local onde possa exercitar sua fé?

Danilo respondeu um pouco confuso:

– Quando éramos crianças, minha mãe Laura nos levava, a mim e a minha irmã Lídia, à missa todos os domingos. Para lhe ser sincero, nada daquilo me entusiasmava, me levava a fazer uma conexão com um ser Divino, com o Deus que eles diziam que eu iria encontrar lá. Eu precisava de algo mais, de respostas para as minhas perguntas. Quem eu era? De onde viemos? Para onde iremos depois da morte?

– E então? – inquiriu a mulher interessada, sentando-se em uma cadeira que ficava no canto esquerdo do quarto.

– Eu fui crescendo, as idas à missa foram escasseando e eu fui me perdendo dessa fé que está fragmentada em minhas dúvidas. Agora, me encontro aqui, cobrando de Deus as minhas respostas.

– O que você acha que faltou para que acontecesse em seu interior esse encontro com o Criador ou algo palpável que você pudesse acreditar?

– Talvez essa fé que aceita sem questionar. Deus é Deus e pronto. Aceitar que uns nasceram para sofrer, outros para serem felizes. Simples assim.

A mulher arrematou com voz serena:

– As religiões sempre lutaram para impor a seus seguidores uma fé ingênua e ignorante, baseada em dogmas que quase sempre se opunham às descobertas científicas. Devemos ter sempre muito cuidado. A fé cega, levada a excesso, produz o fanatismo.

– Como assim? – perguntou Danilo realmente interessado.

– A maioria das pessoas pensa em Deus como um velho, um ancião de barbas longas, uma figura idealística, que premia os bons e pune os maus.

– E não é assim que acontece?

– Não, Danilo, Deus não é esse ser que idealizam no imaginário popular e tampouco castiga ninguém. Os sofrimentos que causamos à nossa vida são consequências de nossas próprias imperfeições. Deus age através de Suas Leis, que se assim podemos dizer, estão impressas em nossa consciência. E é essa consciência, quando transgredimos essas Leis, que entra em ação para nos mostrar as consequências desses erros e o que será possível fazer para consertá-los.

Danilo estava em choque. Falou com voz trêmula:

– Sempre tive medo de Deus, de que Ele fosse me punir pelos meus erros, que me fizesse queimar e arder no fogo do inferno.

– O inferno nós mesmos criamos, quando somos escravos da nossa falta de vigilância. O amor de Deus é único, abrangente, e quando as pessoas buscarem compreender realmente o que é Deus, compreenderão a verdadeira essência da vida.

Danilo, intrigado, fitou a mulher, que agora estava sendo para ele, uma verdadeira professora das verdades eternas e questionou:

– E o que é Deus? Você pode me explicar?

A visitante abriu imenso sorriso quando respondeu:

– Deus é tudo que está a nossa volta, é o sol, o ar, a vida, os sorrisos e abraços, é o amor, nós somos Deus!

cap 05

NA MANHÃ SEGUINTE, durante a aula, Danilo não conseguia relaxar. A visitante inesperada que já o havia visitado duas vezes, depois daquela noite, dissera a ele que tinha ainda muitas revelações a fazer. Disse também que quando aquela conversa terminasse, Danilo teria compreendido a infinita sabedoria que havia entre o céu e a Terra e que, a partir daí, obteria as respostas que tanto procurava.

Foi Renan quem se aproximou dele na hora do recreio, puxando conversa, enquanto se dirigiam à cantina:

- E aí, amigo, tudo bem com você?

- Sim, está - disse o rapaz tentando manter um sorriso.

- Você anda estranho, meio aéreo, distraído - insistiu Renan.

- Impressão sua, estou bem - disse Danilo desconversando. - Obrigado pela preocupação.

Depois de alguns instantes, Renan retomou à conversa:

- Vi você ontem na praça, conversando com a Sônia.

Danilo sorriu ao responder ao rapaz:

- Em uma cidadezinha como a nossa, fica difícil fazer algo escondido.

Renan, nervoso, batucou no balcão. Tinha o olhar sério quando fitou o amigo:

- Está "rolando" alguma coisa entre vocês?

Danilo ficou confuso ao responder:

- Eu e a Sônia somos somente amigos. Gosto da companhia dela.

E como o outro ainda o encarasse fixamente, Danilo perguntou:

- Por que tanto interesse nesse assunto?

Renan sorriu um sorriso triste ao fazer aquela revelação:

- É que eu gosto da Sônia e quando vi vocês dois juntos, confesso que fiquei um pouco chateado.

Danilo estacou preocupado. Durante todo aquele tempo de convivência, jamais soubera que Renan gostava de Sônia. Mas, mesmo assim, resolveu tranquilizar o amigo.

- Estava precisando conversar, desabafar, e a Sônia é minha amiga, se interessa por mim. Foi só isso, garanto. Não precisa se preocupar.

Renan fitou Danilo com impetuosidade, batendo-lhe no ombro:

- Sentimentos são sagrados, não se brinca com eles. Espero que você não faça a Sônia sofrer.

- Não farei, fica tranquilo! - respondeu Danilo entredentes, levando verdadeiro baque com a admoestação do rapaz.

Renan se despediu de Danilo, se juntando a Marcos e a João Carlos, que já o aguardavam no corredor.

Observando o amigo se afastar, o jovem pensou um pouco irritado:

"Mais essa agora. Renan está com ciúmes de minha amizade com Sônia. Já não me bastam os problemas que tenho. Melhor nunca mais nos encontrarmos."

Depois do recreio, ignorou os olhares que a menina lançava a ele durante o treino na quadra e quando o sinal tocou, anunciando o fim das aulas, saiu correndo sem se despedir de ninguém. Estava ansioso para encontrar a mulher misteriosa que, em tão pouco tempo, estava mexendo tanto com sua vida.

Em casa, depois do almoço, alegando precisar descansar um pouco antes de estudar, se trancou no quarto aguardando a visita tão inesperada. Pensou nela com toda a sua força mental. Depois de alguns minutos, quando estava quase cochilando, ouviu uma voz conhecida ao seu lado.

- Tem pensado em tudo o que tenho lhe dito? - disse a mulher que se encontrava de pé, ao lado da sua cama.

Danilo abriu os olhos rapidamente:

- Sim, tenho pensado muito. São informações novas, novos conceitos. Tudo o que tenho aprendido com você tem me levado a fazer grandes reflexões...

- Isso é muito bom - respondeu a mulher que agora mostrava melhor o seu rosto, antes envolvido em extenso véu esvoaçante.

Danilo não conseguia parar de fitá-la. Aquela presença, mesmo que ele não quisesse, exercia tremendo fascínio sobre ele. Quem era aquela mulher, que estava se tornando uma grande amiga, mesmo que Danilo não quisesse admitir? O rapaz não sabia explicar o que estava acontecendo. O certo é que se sentia seguro em sua presença.

Depois de alguns instantes, Danilo prosseguiu:

- Temos conversado tanto e eu nem mesmo sei seu nome...

A mulher assumiu um ar austero:

- Meu nome? O que importa isso?

E como o rapaz ainda a fitasse com interesse, prosseguiu:

- O que importa é a permissão que nos tem sido dada para esses encontros.

Danilo retrucou em tom ameno:

- Tenho apreciado muito essas nossas conversas. Confesso que um mundo novo tem se descortinado à minha frente. Estava desacreditado da vida e devo confessar que, ao conhecê-la, passei a repensar conceitos que muito têm me ajudado. Tenho pensado muito em meus pais biológicos, mas tenho tentado aprender a amar mais meus pais adotivos, que me fizeram ser quem sou. Deram-me uma família, estudo, casa e boa comida. Creio que seria injusto reclamar de tudo o que recebi até agora.

A mulher, que até então sempre se mantinha afastada dele, lhe afagou o rosto juvenil:

- É bom saber que seu estado de espírito melhora a cada dia, meu querido. Quando o conheci, você estava triste, desolado, querendo desistir de tudo, até da própria vida! Fico feliz que esteja encontrando um novo caminho, através do conhecimento das causas e dos efeitos que regem as nossas vidas.

- É verdade - reconheceu Danilo. - Muita coisa já mudou em algumas semanas e apesar de estar envolvido em um problema que julgo muito grave, já consigo enxergar tudo o que tenho passado, com outros olhos.

A mulher olhou o céu através da janela aberta e fechou os olhos contritos. Aspirando o perfume envolvente que chegava até eles, disse ao rapaz:

– Quer mesmo me atribuir um nome? Chama-me "Dama-da-noite", essa flor que está plantada aqui em seu jardim e da qual estamos aspirando o poderoso perfume.

Danilo ficou com os olhos marejados. Aquela era a flor que sua mãe Laura mais gostava e que havia sido plantada alguns anos antes, em mudas que havia recebido de presente de amigos que a trouxeram do México e das Antilhas.

Danilo balbuciou em breves palavras:

– Delicadeza e perfume, alegria e conhecimento.

– É isso que inspiro a você? – perguntou a mulher com leve sorriso no rosto.

– Sim, você me inspira vida – respondeu o jovem também desarmando-se.

Dificilmente se sentia à vontade com alguém, como se sentia na presença daquela dama que lhe havia aparecido em uma noite de lua cheia.

– Isso é maravilhoso! – disse a mulher batendo palmas de contentamento. – Que bom que você repensou sobre a ideia de morrer antes da hora!

Danilo baixou os olhos, sem coragem de encarar a visitante.

– Sim, e confesso que me sinto muito envergonhado por ter acalentado tais pensamentos. Se você não tivesse aparecido...

A mulher tinha a voz séria quando falou:

– Deus é extremamente misericordioso e está sempre cuidando muito bem de Seus filhos. Você sempre teria alguma chance...

Danilo mostrou-se realmente interessado naquela conversa:

– O que teria acontecido se eu... tivesse concretizado meus intentos?

A mulher fitou o rosto do jovem com sinceridade:

– O gesto suicida vem acompanhado de um remorso extremo. A maioria dos suicidas, depois que toma consciência do fato, daria tudo para poder apagar o gesto impensado. Debatem-se e se afundam em suas lutas internas, atravessando um período de transição e tendo que aguardar o tempo certo para uma nova reencarnação.

Danilo perguntou, realmente interessado:

– Reencarnação? Do que você está falando? Creio que já li sobre isso. Isso é um pensamento espírita?

– De jeito algum, Danilo. Há muito tempo a ideia da reencarnação está inserida na tradição cultural e religiosa dos povos mais antigos que habitaram os orbes terrestres. No Evangelho de João, Jesus diz ao fariseu Nicodemos: "Na verdade, na verdade, vos digo que aquele que não nascer de novo, não pode ver o reino de Deus". Sendo assim, como você pode ver, a reencarnação não foi inventada pelos espíritas, nem pelo espiritismo. As reencarnações obedecem a mecanismos preciosos de justiça. A reencarnação é Lei da vida. Nascemos e renascemos ocupando novos corpos, a fim de melhorarmos nossas escolhas. A encarnação é uma nova oportunidade de desenvolver habilidades, e angariar recursos para a nossa melhora, que acontece gradativamente.

E como Danilo ainda a ouvisse com interesse, continuou:

– A vida não começa no berço e nem acaba com a morte, como muitos imaginam. Continuaremos a viver em espírito, até obtermos a bênção de um novo corpo para continuar nosso aprendizado.

Danilo ficou pensativo por um instante, depois complementou:

– Para mim ainda é difícil aceitar essas teorias, aceitar as perdas, a morte. Minha mãe morreu há seis meses e foi o pior dia da minha vida, quando a vi deitada em um caixão, sabendo que nunca mais a veria. Ainda sinto a dor de não tê-la mais aqui, ao meu lado. Minha vontade era poder acordar desse pesadelo, me jogar em seus braços e pedir seu apoio, mas como sei que isso é impossível, preciso fingir que ela estará sempre comigo.

- Mas ela estará Danilo, não da maneira que você esperava, mas de onde estiver, estará enviando a você a proteção do seu amor. Para aceitarmos a morte, precisamos compreender a vida. Ao realizarmos o processo de autoconhecimento, vamos gradativamente entendendo melhor não somente a nós mesmos, mas também aos mecanismos que regem toda a nossa existência.

E como o jovem a olhasse com olhos desmesuradamente abertos, ela finalizou:

- Um dia, você e sua mãe, poderão se encontrar novamente ou quem sabe, estar juntos em uma nova vida, creia.

Danilo não cabia em si de contentamento:

- Prezada senhora, isso é verdade? Existe mesmo essa possibilidade?

– Sim, existe. Se duas almas realmente se amam, tornarão a se encontrar para continuar seu aprendizado.

Danilo estava fascinado por aquele novo conhecimento.

– Por que as pessoas que já se conheciam antes, não se reconhecem, esquecem o passado?

– O esquecimento do passado funciona como uma proteção para o espírito que reencarna. A lembrança de acontecimentos vividos por nós anteriormente, não seria benéfico para a nossa evolução. Imagine se nós nos lembrássemos de delitos cometidos no campo moral e material? A humilhação seria imensa e correríamos o risco de, perante nossos opositores, destruirmos os nossos relacionamentos e falharmos em nosso reajuste perante a Lei.

– Tudo isso é muito interessante – respondeu Danilo virando-se para a parede, a fim de apanhar o telefone que havia caído, mas ao retornar seu olhar para a visitante misteriosa, descobriu que a "Dama-da-noite" havia partido tal como havia chegado, de forma sutil e misteriosa, sem ser vista por ele, deixando apenas o seu perfume.

Danilo ficou realmente perplexo, tanto com o que vinha aprendendo com os ensinamentos advindos daqueles encontros quanto com a maneira como "Dama-da-noite" chegava e saía, sem ser vista pelos demais habitantes da casa. Sem muito esforço, Danilo afinal compreendeu que aquela mulher, definitivamente, não habitava o mundo dos seres vivos.

cap 06

LÍDIA AGUARDOU ANSIOSA que o irmão retornasse da escola naquela manhã. Há muito não conversavam, não trocavam ideias e não se sentavam na varanda da casa, admirando as flores e conversando de mãos dadas, como costumavam fazer quando eram crianças.

Danilo andava arredio, estranho, evitando toda a família de uma maneira discreta, e Lídia, também machucada pela falta da mãe ocorrida há tão pouco tempo, precisava de um ombro amigo para desabafar suas dores.

Danilo não demorou a chegar. Estacionou o carro na garagem espaçosa da casa que ostentava tijolinhos brancos na fachada e ao ver a irmã sentada na poltrona de vime, tal como já haviam estado tantas vezes, seu coração se enterneceu. Relembrou os momentos felizes vividos por ele naquela família e mesmo sabendo do terrível segredo que ainda se mantinha em sigilo entre eles, reconhecia que fora feliz até aquele momento e que amava sua irmã Lídia com todas as forças de seu coração.

Lídia correu ao seu encontro, lhe dando afetuoso abraço. Danilo se desarmou, reconhecendo que estava sendo um tolo, tendo se afastado da convivência com a irmã de maneira abrupta e imatura. Afinal, Lídia não era responsável por aquele terrível segredo e sempre demonstrou a ele imenso carinho e companheirismo.

– Meu querido irmão – disse a moça com doçura – estava sentindo falta do seu abraço.

– Eu também – disse o rapaz, com lágrimas nos olhos. – O seu carinho me faz e sempre me fará muito bem.

De mãos dadas, tal como sempre faziam, sentaram-se a fim de conversar um pouco e matar a saudade.

– Tenho estado preocupada com você – disse a moça fitando-o com doçura. – Está arredio, diferente e tem evitado estar com a gente, está sempre fugindo da nossa convivência.

Danilo fitou a irmã também com olhar terno. Amava a jovem, que sempre havia sido para ele, uma irmã e amiga exemplar. Mais velha que ele, cinco anos, era a conselheira de todos os minutos. Formada em educação física, lecionava em uma escola particular, apesar de não precisar trabalhar, porque era de uma família extremamente bem-sucedida. Seu pai, Antônio, junto com o sócio Otávio Novaes, gerenciavam cinco empresas do ramo de pesca e eram os homens mais respeitados daquela cidadezinha interiorana.

– Querida irmã, também tenho sentido falta de nossas conversas e posso garantir a você, que preciso muito de seus conselhos – disse Danilo, sem conseguir se controlar e chorando copiosamente.

– O que houve Danilo? Você está me assustando! – disse a moça apreensiva. – Você está chorando?

Danilo fitou a irmã demoradamente e resolveu abrir seu coração.

– Na noite da festa do meu aniversário, ouvi uma conversa entre nosso pai e nossa tia, que me deixou muito entristecido e preocupado.

A moça fitou-o espantada.

– O que você ouviu?

A voz do rapaz ecoou com tristeza.

– Que sou adotado!

Lídia ficou perplexa. Nervosa, sentiu pequena vertigem. O mundo parecia girar à sua volta.

Danilo a fez sentar novamente na confortável poltrona. E Lídia continuou:

– Você tem certeza, meu irmão? Tem certeza do que está me dizendo?

Danilo fitou a irmã, agora bastante intrigado:

– Então, você também não sabia?

– Não, eu não sabia – disse Lídia. – Quando eu era pequena, nunca me dei conta desse fato. Mamãe o trouxe para casa ainda bebê, o apresentou como meu irmãozinho. Eu só tinha cinco anos, mas me lembro da felicidade que senti quando o vi dormindo em seu berço e quando, um pouco mais tarde, já podíamos brincar juntos.

– Sim, é verdade. Nosso pai disse que eu fui adotado recém-nascido.

– Meu Deus! Nossos pais mantiveram esse segredo por tanto tempo...

Danilo rememorou imagens perdidas no tempo.

– Quando eu era criança, sempre achei diferente, vocês serem todos morenos e eu, extremamente branco e com esses olhos verdes que as pessoas tanto elogiavam. O que você achava disso?

– O amor não percebe as diferenças, meu irmão – afirmou Lídia. – Fomos criados como duas crianças normais e felizes. Cor de pele, cor dos olhos, isso é só um detalhe... Bem, para mim nunca foi importante.

– Imagina como tudo isso está doendo – falou Danilo dando prosseguimento à conversa. Saber que...

Lídia lhe interceptou as palavras:

– Ah, meu querido, eu não sei o que realmente houve, mas posso imaginar o que você está sentindo. O que posso afirmar a você é que você foi e é muito amado por nossos pais, por mim e por toda a nossa família.

– Sim, isso eu sei, vocês sempre foram a minha família e me deram muito amor, mas não saber qual é a minha origem, quem são meus pais, de onde eu vim, tem me consumido as horas insones.

– Você precisa se acalmar – disse a moça com voz suave e fazendo-lhe carinho no rosto.

– Quero muito conhecer mais sobre minha mãe, de onde eu vim. Qual a ligação de nossos pais com minha mãe biológica e qual é o segredo que envolve também o meu nascimento.

– Por que ainda não conversou com papai?

Danilo baixou os olhos, desolado:

– Ainda não tive coragem.

Lídia fitou o horizonte que se estendia sobre eles.

– Se nossa mãe estivesse aqui, tudo seria diferente – gemeu com tristeza.

– A nossa mãe não, a sua mãe – retrucou Danilo com amargura.

Lídia tinha a voz firme quando falou:

– A nossa mãe, Danilo. A mulher que o criou e deu a você tudo de melhor que possuía.

Danilo se envergonhou pelo pensamento que tivera.

– Você tem toda a razão, minha irmã. Desculpe, estou sendo imaturo e infantil.

Lídia, sentindo-se melhor, levantou-se decidida, lhe afagando os cabelos encaracolados e loiros:

– Fique tranquilo, Danilo. Seja lá o que estiver escondido atrás de sua história, eu vou ajudar você a descobrir! Eu prometo!

cap 07

DANILO SENTIU-SE MELHOR depois da conversa que tivera com a irmã. Poder contar a ela o que trazia em seu peito, havia feito com que se libertasse um pouco de toda a tensão que vinha sentindo desde a descoberta daquele segredo que havia mudado toda a sua vida.

Até os amigos da escola perceberam sua mudança.

– E aí, Danilo? Está mais alegre hoje, isso é bom – comentou João Carlos.

– Estou melhorando, João Carlos. Obrigado – respondeu sorrindo.

Marcos também se acercou dos dois e abraçou o amigo. Renan não se aproximou. Fitando Danilo à distância, mostrava-se arredio e reservado, desde a última conversa que tiveram.

Danilo, contudo, não conseguia relaxar, envolvido em seus pensamentos.

"As coisas eram tão claras, como estivera tão cego. Quando criança, muitas vezes havia questionado a diferença física que havia entre nós."

Quando perguntava a sua mãe o porquê, ouvia dela a seguinte resposta:

– Coisas da genética, meu filho. Vai ver você puxou aos trisavós, tataravós, quem sabe. Não se preocupe com isso.

Era tudo tão claro, só ele não percebia. Às vezes sua mãe contava a eles detalhes de quando eram pequenos e quando ele perguntava sobre fatos relacionados a ele, especificamente, ela desconversava. Como conviviam pouco, porque sua mãe passava muito tempo no trabalho, não houveram muitas conversas sobre o assunto.

Sua tia Angelina era a mãe emprestada que ele e Lídia haviam recebido. Solteira e sem filhos, se comprometeu a ajudar o irmão Antônio e a cunhada Laura, na criação das crianças, enquanto os dois se dedicavam aos negócios da empresa.

Em um "flash" que se insinuou em sua mente, Danilo pôde se lembrar que um dia, enquanto conversavam ao cair da tarde, ela havia dito a eles que os filhos do coração também eram filhos do mesmo modo, que deveriam agradecer por tudo o que tinham e que o passado deveria ficar enterrado, a fim de não trazer consequências ao presente.

Agora ele entendia, aquelas mensagens subliminares. Muitas vezes julgou que podia ler nos olhos de sua tia, alguma verdade escondida, mas eram só suposições.

E a vida seguiu, com seus medos e verdades escondidas. Mas agora, que esse passado viera à tona, Danilo iria desvendar todo aquele segredo. Era uma promessa que fazia a si mesmo.

Na escola, na hora da saída, Sônia se acercou dele de modo discreto.

– Oi, Danilo, como você está, melhor? Desde aquele dia, quando nos encontramos na praça da matriz, você tem me evitado.

O jovem sorriu um sorriso triste. Ela tinha razão. Com muito esforço pessoal, ele resolveu deixá-la em paz. Já que não se sentia à vontade para assumir nenhum compromisso com ela, deixara o caminho livre para que Renan pudesse se aproximar.

– Melhor assim, Sônia – disse com tristeza.

Sônia segurou seu braço com suavidade.

– Pode ficar tranquilo, seu segredo está bem guardado.

– Não tenho nenhuma dúvida disso – respondeu fitando-a.

– Então, o que é? – indagou a moça com olhos úmidos.

Danilo falou com voz trêmula:

– Sônia, se você soubesse o que tenho guardado aqui em meu peito.

E como a jovem ainda o ouvisse, complementou:

– Eu não mereço você!

Sônia respondeu com desespero na voz.

– Mas eu mereço ser feliz com você, que é o grande amor da minha vida!

Danilo sentiu seu coração exultar de felicidade. Sônia estava dizendo que o amava e ele, infelizmente, não se sentia "autorizado" a retribuir esse amor.

– Sônia, eu... – disse num fio de voz.

A moça continuou, machucada pela dor:

– Não precisa se preocupar, estou saindo com o Renan.

Danilo baixou os olhos sem coragem de encará-la.

– Você o ama?

Sônia também tinha a voz trêmula quando respondeu:

– Você sabe que não!

– Então por quê?

Sônia quase gritou quando respondeu:

– Precisava esquecer você e esse amor impossível que me queima a alma.

Danilo fechou os olhos decepcionado e respirou fundo, a fim de evitar o terrível mal-estar que lhe tomava todo o seu ser. Depois daquela declaração, não havia mesmo mais nada a dizer.

– Então, até qualquer dia – disse caminhando até seu carro.

– Até – respondeu Sonia se afastando a passos largos.

Danilo sentiu uma dor tão intensa, tal

qual um punhal a lhe ferir a carne. Ao ver a jovem se afastar, não pôde evitar as lágrimas, que caíram desordenadamente, porque, por mais que não quisesse aceitar, ele amava Sônia com todas as forças do seu coração.

cap 08

NAQUELA NOITE, AO entrar em seu quarto, Danilo ficou observando o céu estrelado que se estendia acima de sua cabeça. As estrelas que cintilavam em grupo, pareciam formar um extenso manto iluminado, num céu de fundo azul anil.

Da janela que se estendia para o jardim, podia sentir o perfume das flores que enfeitavam a entrada da extensa residência, dentre elas, as *cestrum nocturnum*, popularmente conhecidas como "damas da noite", que eram as flores mais perfumadas daquele ambiente.

O aroma das flores, que parecia inebriar todo o ambiente, o fez lembrar-se de sua amiga misteriosa e do quanto desejava encontrá-la naquele momento de intensas reflexões.

Por muito tempo ficou observando o infinito, a implorar algum tipo de ajuda, um esclarecimento, um sinal de Deus, mas foi em vão.

Depois de meio quarto de hora, sentindo-se realmente cansado, deitou, dormiu e sonhou que estava caminhando por uma linda estrada repleta de flores dos mais variados matizes, vendo-se diante de um imenso campo de girassóis, que de tão extenso, lhe toldava a visão.

Caminhou por algum tempo sem rumo, sentindo o perfume das flores, examinando espécies nunca vistas por ele, até que, ao chegar a uma clareira, uma mulher o aguardava.

A princípio hesitou se aproximar, mas ao chegar mais perto da desconhecida, reconheceu nela, a mulher com quem vinha se encontrando há algumas semanas.

– Muito bom, Danilo, então você me encontrou?

– Acho que nós nos encontramos – disse sorrindo.

– Vamos caminhar um pouco? – perguntou a mulher lhe tomando o braço e seguindo com ele por um caminho de pedras coloridas.

Danilo estava radiante ao observar tanta beleza. Aqui e ali, borboletas multicoloridas esvoaçavam em bandos. Pássaros cantavam formando um som magnífico e belo, o cheiro das flores era inebriante.

Ao observar melhor onde estavam, comentou extasiado:

– Que lindo esse campo de girassóis. Nunca havia percebido como os girassóis são belos!

A mulher respondeu com alegria:

– Os girassóis buscam incansavelmente a luz do sol e, se forem plantados em uma posição desfavorável, se viram para a claridade, quantas vezes for preciso, a fim de conseguir a iluminação necessária para se desenvolver e crescer. Eles fazem essa escolha, estar sempre em contato com o lado luminoso e distante da escuridão, porque, até quando suas folhas já não servem mais à vida, eles ainda se voltam para a luz e deixam que essas sementes se desprendam deles, gerando novas sementes, a ressurgir da terra.

E como Danilo a ouvisse interessado, ela prosseguiu:

– Jamais podemos nos desconectar da luz, ainda que a escuridão e a negatividade do mundo queiram nos toldar a visão. É uma escolha: o lado mal existe entre nós, mas podemos nos esforçar para viver completamente desconectados dele, ficando apenas com o lado iluminado da vida.

Danilo entendeu a mensagem. Por muito pouco teria cometido um gesto insano e covarde, do qual com certeza, muito se arrependeria por toda a eternidade.

- Eu compreendo e estou muito envergonhado por ser tão fraco.

A mulher fitou-o com interesse:

- Você não é fraco, Danilo, está em aprendizado assim como todos que habitam a Terra, que é a nossa grande escola. Só que para passar de ano, para sermos aprovados, precisamos realizar provas e testes que vão nos fortalecendo ao longo do caminho.

Danilo a observava interessado:

- Até nós, que habitamos esse outro mundo, estamos em aprendizado constante.

Ao dizer isso, a mulher estacou, aguardando a reação do rapaz.

Danilo sorriu mais relaxado.

– Sim, eu já sei que você não está viva, percebi isso em nosso primeiro encontro. Talvez só me negasse a aceitar tal fato.

A mulher sorriu divertida, retirando o tom solene da conversação.

– Tem certeza do que está falando, Danilo? Eu me encontro mais viva do que nunca!

Danilo realmente não sabia o que dizer. E a mulher continuou:

– O mundo espiritual que existe paralelamente a esse no qual você está vivendo, também é um mundo real, embora seja regido por regras diferentes.

– Como assim?

– A alma, quando perde a sua vestimenta física, retorna ao lar, ao seu lugar de origem. Depois de estudar e se preparar para novas encarnações, retorna à Terra ou a outros mundos, reencarnando até atingir a perfeição espiritual.

Danilo a ouvia realmente interessado:

– O que vocês fazem aqui no mundo espiritual?

– Muitas coisas, Danilo, mas o que realmente nos move é o sentimento de melhora, a fim de poder galgar novas oportunidades.

– Comem, bebem, descansam?

– Se o espírito ainda sentir necessidade disso, sim. Senão, aos poucos vai se libertando dessas sensações ligadas ao mundo físico e se ocupa de outras atividades, mais ligadas ao intelecto.

Danilo foi tomado por intensa curiosidade.

– Por que você me procurou? Qual a finalidade desses nossos encontros?

– Eu quis ajudar você. Você estava prestes a cometer um gesto do qual muito se arrependeria e eu recebi a permissão de Deus e de meus superiores para ir ao seu encontro.

Danilo fitou a mulher com mais interesse. Agora podia visualizar melhor seu rosto. Ela era branca e tinha os cabelos claros como os dele e de sua figura, parecia emanar suave luminosidade.

– Não é só isso, sei que não é – insistiu ele.

A mulher sorriu com brandura. E Danilo continuou:

– O que importa é que estou diferente, já não sinto raiva nem rancor, apenas o sentimento de ter sido enganado. Mas isso vai passar...

– Você está crescendo e isso, às vezes, nos causa dores.

– Sim, mas agora, sem nenhuma vontade de fugir da vida.

A mulher abraçou-o com carinho. Danilo sentiu vontade de se perder naquele abraço para sempre.

Depois de alguns instantes, a mulher lhe disse.

– Sua mãe ficaria muito orgulhosa de você!

Danilo levou um baque e fitou a desconhecida com olhos desmesuradamente abertos:

– O que você sabe sobre a minha mãe?

A mulher também o encarou.

– Você tem certeza de que está preparado para ouvir?

– Sim, creio que sim e venho buscando por isso há muito tempo – respondeu o jovem.

– Então venha – disse a mulher em tom solene. – Sente-se aqui e ouça a história que vou lhe contar.

cap 09

DANILO ACOMPANHOU A mulher de volta à clareira, sentando-se ao lado dela em uma pedra branca e lisa. Tal como se fosse um filme, Danilo observou uma cena que parecia irreal ao seu entendimento. Pessoas vestidas com roupas elegantes circulavam em uma festa.

Estavam em um palácio majestoso, frequentado pela alta sociedade local. O local era o Rio de Janeiro. O ano, 1889.

Alguns rumores entre os servos, diziam que o imperador Pedro II do Brasil fora exilado para a França e que, Deodoro da Fonseca era o indicado para se tornar o primeiro presidente do Brasil.

De repente, ante seus olhos vitrificados e curiosos, uma jovem de mais ou menos dezesseis anos adentrou o salão. Dotada de exuberante beleza, todos os olhos se voltaram para ela, que a contragosto, valsou com alguns rapazes presentes, que insistiam em lhe fazer a corte.

Mais adiante, estava outra mulher contando cerca de quarenta anos. Seu nome era Cilene, e depois que o comandante havia enviuvado, se tornara sua esposa e madrasta de Maria, a jovem que valsava munida de seu "carnê" de baile, de quem não gostava, por julgá-la um empecilho a seus intentos escusos.

Cilene não era uma mulher má, mas, sem escrúpulos, julgava poder tomar posse rapidamente de todos os pertences materiais que herdaria do companheiro, o então comandante Antero de Alencar, seu atual marido.

O comandante Antero era ainda um homem belo. Apesar de já contar cinquenta anos, era muito admirado e querido por seus subordinados, que se entristeciam ao sabê-lo na companhia de mulher tão cínica e interesseira, que não hesitaria em tomar posse de sua fortuna.

Era Maria, a filha do comandante e enteada de Cilene, mulher invejosa e sem caráter, que faria tudo para prejudicar a moça, a fim de se apossar de toda a herança angariada pela família.

Naquela noite, que era o dia do aniversário de seu pai, Maria estava extremamente triste. Segundo havia sido comunicada, seu pai planejava casá-la com o tenente Artur, capitão da guarda real e homem de sua extrema confiança, mas, a verdade é que Maria já tinha um pretendente a quem amava com todas as forças de seu coração e com quem pretendia fugir, assim que fosse possível.

Naquela noite, mesmo fazendo as honras da casa e valsando ao lado de alguns jovens que se intitulavam seus pretendentes, Maria disfarçava imenso mal-estar físico e emocional. O que seu pai e sua madrasta ainda não sabiam é que a moça trazia no ventre o fruto daquele romance, com o jovem Filipe de Mendonça, um simples serviçal do palácio, por quem se apaixonara. Tendo escondido a gravidez através de faixas e cintas, em poucos meses, depois daquele dia, deu à luz um menino prematuro, que chamou de Daniel.

A madrasta, então, engendrou um plano. Precisava se livrar da enteada e de seu filho bastardo também, pois os dois eram uma ameaça a seus intentos e a sua cobiça.

Cilene, a madrasta, resoluta e ardilosa, pagou a alguns capangas para que roubassem Daniel, o filho de Maria, entregando-o a uma família de camponeses que muito bem remunerada, fugiu com ele para os Estados Unidos da América.

A jovem Maria, ao se dar conta do acontecido, enlouqueceu de dor. Reclusa em seu quarto, jamais foi vista novamente em qualquer evento social ou mesmo circulando pelo palácio.

Os anos passaram, o menino cresceu e foi criado como um bastardo entre pessoas desconhecidas. Jamais tiveram notícias dele, o que causou grande desgosto a Maria, que com a idade de vinte e um anos, foi encontrada sem vida em seu quarto.

O ano agora é 1970. A menina antes chamada Maria, nasce em uma família pobre, mas muito honrada, no Estado de São Paulo. Seu nome agora é Jandira e, apesar de todo o carinho que recebe no seio daquela família humilde e trabalhadora, aos dezesseis anos sai de casa e envereda por um caminho de desvarios, e faz da prostituição seu meio de vida, num gesto que consome seus pais de vergonha e dor.

Fugindo de sua cidade natal, a fim de tentar uma vida melhor, chega até uma cidadezinha do interior da Bahia e consegue emprego na casa do senhor Antônio, o antigo coronel Antero e de dona Laura, o nome atual de Cilene, que a recebem e prometem ajudá-la.

Ninguém sabia, nem ela, nem os patrões, que ao chegar ali estava grávida. Sentindo-se doente, com suspeita de sífilis, se desespera e assim que o menino nasce, entrega o filho recém-nascido a sua patroa Laura, que tem a oportunidade de reparar seu erro e oferecer àquele menino tudo o que havia lhe sido roubado anteriormente. Pouco tempo depois, Jandira desencarna, deixando a criança aos cuidados de seus patrões.

O menino agora tem uma boa casa, e está destinado a ser o sucessor de várias empresas, tornando-se um homem poderoso, sob os cuidados de seu avô (em outra encarnação), que agora, como seu pai adotivo, o cobre de amor e mimos.

- Entendeu como a Lei funciona, Danilo?

Danilo estava perplexo. Copiosas lágrimas brotavam de seus olhos. Seu coração batia descompassado. Sua voz tremia, quando falou:

- Então, você é?

- Eu sou Jandira, sua mãe biológica, que junto a Laura e a Antônio, pude expiar outros erros do passado, já que em vidas anteriores, na antiga Prússia, roubei também o filho deles, lhes causando imensa dor.

- E eu sou?

- Danilo, o filho muito amado que tive que entregar para adoção, a fim de que tivesse uma vida melhor, aquilo que eu não podia lhe dar, já que pouco depois do seu nascimento, perdi o meu corpo de carne, devido às loucuras cometidas por mim, em busca de dinheiro e posição social.

Movidos por intensa emoção, Danilo abraçado ao espírito de sua mãe, chorou copiosas lágrimas de desespero e perdão.

– Não se desespere, nem se revolte, meu filho. O que seus pais fizeram, foi proteger você, a fim de que não soubesse de meu passado. Não queriam que se envergonhasse.

Danilo ainda não conseguia acreditar em tudo o que estava ouvindo.

– Recebi a permissão de Deus e de meus superiores para vir ajudá-lo, já que você, também um espírito rebelde e por questões ligadas a seu passado, sentia muita revolta em seu coração e tentou até retirar a própria vida, num ato de intensa rebeldia contra as Leis do Criador.

Danilo estava perplexo com todas aquelas revelações.

– Foi uma loucura e creio que você sabe muito bem sobre esse assunto. Pelo que me contou, também foi suicida.

A voz de Jandira assumiu tom pesado e triste.

– Sim, e você não sabe o quanto penei e ainda sofro pelo deslize irresponsável cometido pela falta de confiança em Deus. Sofri muito, vaguei sem destino, até que amigos espirituais me resgataram e me ofereceram uma nova chance de reparação junto àqueles a quem eu precisava me redimir.

– Estou realmente perplexo – afirmou Danilo.

E Jandira continuou:

– Antes de reencarnar, junto aos departamentos responsáveis, fazemos um planejamento em relação ao que será melhor para o nosso crescimento perante a Lei. Os acontecimentos que precisam ser revistos e aprendidos se transformam em carmas, que podemos denominar resgates, situações de intenso aprendizado. Recebemos também mediante todas as orientações, um acúmulo de energia que poderá ser ampliada ou minimizada, de acordo com a necessidade da prova ou da missão, se for o caso. Então, quando atentamos contra a vida que nos foi dada por Deus, estamos cometendo um ato de rebeldia não só contra as Leis de Deus, mas também contra todos os mentores, amigos e responsáveis pela nossa nova vida no corpo e pela confiança que nos foi depositada.

E como o rapaz ainda a ouvisse com interesse, continuou:

- Passei muitos anos vagando em regiões menos felizes até se completar o tempo a mim concedido e eu poder retornar. Graças a Deus fui resgatada por anjos bondosos e, através deles e com a permissão de Deus, iniciei o meu caminho de regeneração.

- Tudo isso é realmente incrível. Não sei o que dizer - disse Danilo.

- Para que você encontre novamente a paz, você precisa conversar com seu pai. É certo que ele mentiu, mas ele ofereceu a você, os meios para que crescesse e se desenvolvesse da melhor forma possível. Eles sempre te amaram e agora que você já sabe os porquês e o desenrolar dessa sua história, tudo se tornará mais fácil.

– Creio que você tem razão – disse o jovem desalentado.

– Sim, eu tenho. Converse com seu pai e tire esse peso da sua consciência. Ele também evolui pouco a pouco e não é mais o homem intransigente do passado. Todos queremos melhorar, é esse o nosso objetivo.

E fitando o rapaz com um olhar terno e amoroso, arrematou:

– E nunca mais pense em desertar da vida!

Danilo abraçou-a com carinho, como se quisesse reter naquele abraço, todo o tempo em que ficaram separados.

– Nunca mais! Eu prometo minha mãe querida! Como deve ter sido difícil para você ter que se separar de seu filho...

A mulher enxugando as lágrimas, o apertou mais em seu abraço.

– Mas agora, nada de choro, porque eu quero te fazer outra surpresa! Veja quem eu trouxe aqui para te ver!

Ao longe, um perfil feminino surgiu na estrada coberta de flores. Ao chegar mais perto e se acercar de ambos, Danilo pôde reconhecer a mulher que o havia criado como se fosse sua própria mãe.

– Minha mãe Laura? Oh, meu Deus! Como você está? – E Danilo não se cansava de beijá-la e afagá-la junto ao peito.

– Meu querido filho. Quanta saudade – disse a mulher também tremendo de emoção e retribuindo o abraço.

Danilo comentou com voz embargada:

– Mãe... e eu que pensei que nunca mais iria ver você depois da sua morte!

– Eu estou viva, meu filho, creia! Continuamos a viver em espírito. Nada acabou!

Danilo deixou que copiosas lágrimas lhe lavassem a alma.

– Mãe, isso é tão maravilhoso!

E a mulher continuou movida por suave emoção:

- Filho amado, desculpe se não lhe dei a atenção que você e sua irmã mereciam. Em minha nova vida, tentei remodelar meu caráter, mas ainda perdida na busca desenfreada por bens materiais, busquei trabalhar incansavelmente, relegando você e sua irmã a segundo plano. Você pode me perdoar?

- Você foi a melhor mãe do mundo, não se cobre, nem se culpe. Você nos ofereceu amor.

Jandira se aproximou de ambos e também chorava copiosamente.

- Eu tentei, querido Danilo, eu tentei, Queria suprir todo o mal que lhe causei ao afastá-lo de sua mãe Maria, ao deixá-lo viver e crescer entre estranhos. Eu lhe peço perdão.

- Não se culpem, não sofram mais - disse o jovem beijando as mãos de ambas com extremado amor. - O importante é que agora eu tenho duas mães...

– Que vão amar e proteger você por toda a eternidade! – disseram as duas em uníssono. – Mas agora, creio que está na hora de voltar!

– Volte ao seu corpo, meu filho, e sinta-se feliz com o que descobriu – disse Jandira.

– Lembre-se sempre que a morte não existe e que estaremos todos juntos, aprendendo e perdoando, vivendo no mundo dos espíritos! – arrematou Laura.

Danilo não cabia em si de contentamento:

– Estou louco para voltar e contar a novidade, e a mais importante delas é que jamais vamos nos afastar ou nos perder daqueles que amamos.

E como as duas o abraçassem felizes, ele continuou:

– Minhas duas mães estão vivas, jamais iremos nos separar ou nos perder para sempre e agora que sei de tudo isso, eu serei o homem mais feliz na Terra!

cap 10

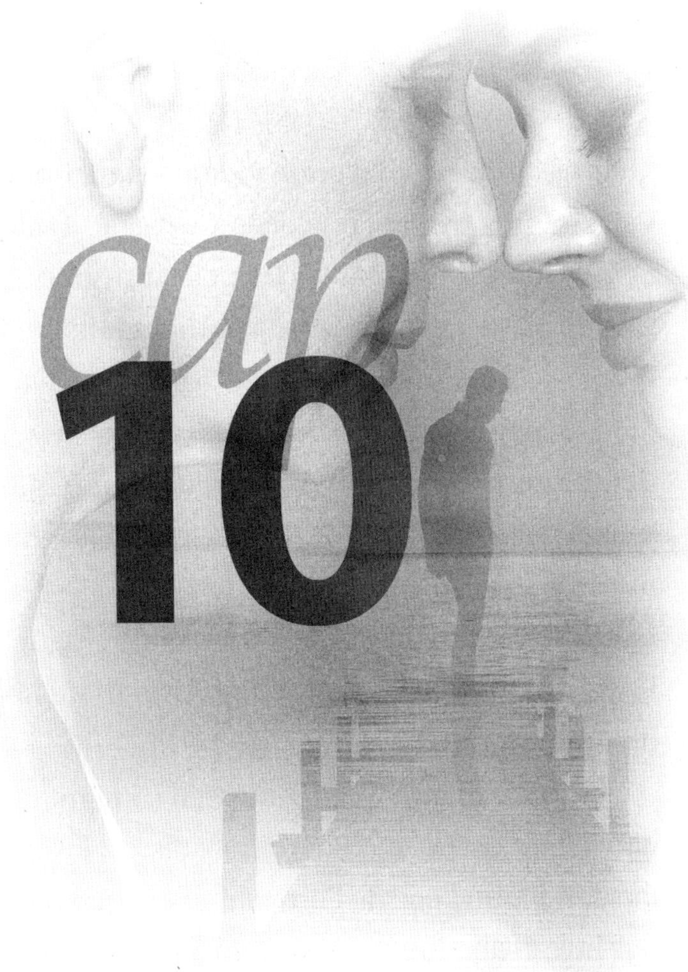

DANILO ACORDOU NAQUELE dia, mais feliz do que nunca. Não se lembrava integralmente do sonho, mas sabia que aquele encontro havia revelado a ele, não somente a verdade sobre sua vida, mas também o que sempre havia buscado entender ao longo de sua existência.

Quem somos nós, de onde viemos, para onde vamos após morrer no corpo de carne. Tudo isso sempre havia sido para ele um grande mistério que agora se revelava diante de seus olhos, de uma maneira bastante significativa.

Aos poucos ia se lembrando de um novo detalhe e não se cansava de tentar fixar o que se lembrava do rosto de sua mãe, que julgou muito parecido com o dele.

Procurou a irmã para contar a novidade. Encontrou-a tomando seu café da manhã. Lídia liberou imenso sorriso ao vê-lo.

– Estou achando você muito feliz. Há muito não lhe via assim, meu querido – disse a jovem lhe dando um beijo de bom dia! – Será que porque hoje é sábado e você não tem que ir à escola?

Danilo sentou-se ao seu lado, servindo-se de uma xícara de café e torradas.

– Estou mesmo muito feliz e queria te contar tudo o que aconteceu.

E como a irmã o fitasse intrigada, continuou:

– Sabe com quem eu sonhei essa noite?

– Bem, pela alegria estampada em seu rosto, deve ser com alguma namorada, alguma jovem bem bonita – brincou Lídia.

Danilo continuou o relato, tomando as mãos da irmã nas suas:

– Eu sonhei com nossa mãe Laura! Ela estava linda naquele vestido branco e rendado, que demos a ela em seu último aniversário, antes dela partir dessa vida, lembra?

Lídia ficou espantada com aquelas declarações.

– Sim, eu lembro. Ela amava aquele vestido e, assim que ela deixou o seu corpo físico, eu o coloquei nela, a fim de que pudesse seguir para a sua nova morada, com uma lembrança nossa. Fico impressionada de que ainda o estivesse vestindo em seu sonho.

– Eu não havia me dado conta disso – disse Danilo que quase atropelou as palavras, ao continuar a narrativa:

– No sonho, ela estava bem, feliz. Deu-me

muitos abraços e beijos e não demonstrava nenhum sinal de ainda estar experimentando qualquer tipo de sofrimento, derivado da doença que lhe minou a saúde.

– É verdade, o câncer foi agressivo, mas podemos dizer que ela não sofreu, partindo em tão pouco tempo, depois que descobriu a sua enfermidade.

E como o irmão estivesse reflexivo, tornou à carga com mais perguntas.

– Estou curiosa. O que mais ela disse?

– Disse que está com muitas saudades de tudo e de todos e enviou muitos beijos a você. Pediu que eu também lhe dissesse que estará sempre cuidando da gente.

Lídia continuava perplexa ante o relato, que parecia irreal.

– Que interessante, um sonho tão nítido e com tantos detalhes. Será que isso foi obra de sua imaginação ou, como os estudiosos dizem, realmente um reencontro com aqueles que já partiram?

Danilo tocou o ombro da irmã com mãos firmes:

– Não seja cética, você ainda tem dúvidas?

– Não, só estou especulando – disse Lídia sem jeito.

Danilo continuou sua narrativa:

– Lídia, eu preciso te contar algo mais.

– O quê? Estou ficando nervosa, além de curiosa – falou a jovem.

– Eu disse a você que estava me esforçando em minha busca por conhecer minha origem, algo sobre minha mãe biológica. Lembra?

– Sim, você disse. E o que você descobriu? Tem alguma novidade a respeito?

– Tudo isso se resume a uma longa história.

– Como assim? Você pode explicar melhor?

– Além de sonhar com nossa mãe Laura, encontrei nesse mesmo sonho minha mãe biológica, que além de me explicar a origem de meu nascimento, me falou dos porquês da minha adoção.

E Danilo narrou à irmã o que sua mãe havia lhe contado. Como havia chegado até a família deles, os porquês e as reviravoltas daquela história que não era uma punição, mas sim, um aprendizado.

Lídia fechou os olhos tentando rememorar em sua mente, cenas antigas, que já estavam arquivadas em suas lembranças.

- Espera aí, eu era muito pequena, mas eu me lembro dessa moça que trabalhou aqui em casa.

- O nome dela é Jandira e segundo ela mesma me disse, ela já chegou aqui muito enferma, sendo ajudada por nossos pais - disse Danilo.

Lídia buscou rememorar em sua mente a imagem da mulher sobre a qual Danilo falava.

- Sim, eu me lembro dela, dessa Jandira. Muito branca de olhos claros. Ela era boa comigo, me fazia carinhos. Lembro também que me dava biscoitos escondidos antes da hora do almoço e que me levava sempre um copo de leite quente antes de dormir. Então é ela?

- Sim, irmã, ela é minha mãe biológica, mas só vou poder confirmar tudo quando puder conversar com nosso pai e ele me contar toda a verdade.

- Sinceramente, eu não sei o que dizer.

- Não diga nada até eu lhe contar um pouco mais dessa história e de como tudo está interligado. Você se lembra da Sônia?

- Sim, sua colega de colégio e de infância, que já esteve aqui algumas vezes.

Danilo precisou ser forte para fazer aquela revelação.

- Eu sempre amei a Sônia, irmã, mas como sou um covarde, quase a perdi para o Renan.

Lídia está espantada com tantas revelações:

- Por que você nunca nos disse isso?

- Papai sempre deu muito valor a dinheiro e convenções e como Sônia é uma jovem de família humilde, preferi deixá-la em paz, longe dessas mesquinharias geradas pelo dinheiro e pelo poder.

- E o que isso importa? Se vocês se gostam...

– Não é tão simples assim. Um dia, ele me disse que gostaria que eu saísse e me relacionasse com a Bárbara, filha de nosso tio Otávio.

– Aquela menina mimada?

– Sim, também sempre achei, nós não temos nada em comum e eu jamais poderia namorá-la, apesar da amizade que existe entre nossos pais.

– ?????

– Bem, o fato é que nosso pai deixou claro que Sônia não era bem-vinda em nossa família, por ser uma menina pobre, quando a encontrava em nossas tardes de estudo. E eu fiz tudo isso para poupá-la.

– E sufocou seu amor por ela?

– Eu sempre fui um covarde, irmã – e com a voz arrastada, confessou ainda – por julgar-me assim, quase tirei a minha própria vida. Com a revelação de ser adotado, as coisas pioraram ainda mais.

Lídia ficou pálida mediante aquela revelação.

– Não, isso não é verdade...

Danilo quase gritou quando respondeu:

– É sim, eu queria fazer com que todos sofressem por uma dor que era só minha!

– Meu Deus, Danilo! Tremo só de pensar se esse fato realmente se tivesse concretizado – disse a jovem, abraçando-o e cobrindo de lágrimas a sua camisa.

Danilo continuou em tom solene.

– Foi assim que minha mãe se aproximou de mim. Precisou vir do outro mundo me mostrar quão covarde eu era, pensando em desistir da vida, do meu amor pela Sônia e de tantas coisas importantes em minha vida. Desculpe-me por ser um fraco.

– Você não é um fraco, Danilo. Você é um homem bom, só estava perdido em sua dor.

– Agora eu posso entender melhor o que antes me cegava de forma desesperadora. Quando compreendemos os porquês da vida, tudo se aclara.

Lídia ficou pensativa por alguns instantes:

– Essa é uma história fantástica que também me trouxe muito aprendizado, através do seu relato.

E Danilo continuou:

- Compreendi através desse momento, que muitas outras pessoas devem estar passando por momentos difíceis tal como eu e por isso tomei uma importante decisão.

- Nossa! E que decisão é essa?

- Vou me inscrever em um grupo de valorização da vida. Quero dar a minha contribuição voluntária a outras pessoas que estejam enfraquecidas pela dor, assim como eu, envolvidas pelas chamadas síndromes de pânico, nas garras da depressão, sufocadas por sua dor.

Lídia não cabia em si de contentamento.

- Isso é muito nobre, meu irmão. Estou muito orgulhosa de você.

E os dois, abraçados e felizes, saíram para se informar melhor sobre aquele projeto e também dar algumas voltas pela cidade.

cap 11

LOGO APÓS O almoço, Danilo deitou-se na espaçosa rede que ficava na varanda dos fundos. Pequenos pingos de chuva se insinuaram na tarde, respingando sobre ele suave frescor. Fechando os olhos, relaxou e inspirou profundamente e magnífico odor de flores e mato molhado se infiltrou em suas narinas, fazendo com que relembrasse do sonho que tivera à noite.

Danilo ainda se encontrava em êxtase. Sentiu-se agraciado com aquelas revelações. Como foi bom saber que a morte não existe, que não morremos, nem nos perdemos para sempre daqueles que amamos. Isso fez toda a diferença em suas convicções antigas, fazendo com que repensasse aqueles novos conceitos.

Fechou os olhos, envolvido por toda aquela paz, e agradeceu a Deus por ter merecido aquela revelação. Ele que julgou que Deus não o amava, estava reconstruindo sua relação de fé com a Divindade, com o Senhor dos Universos infinitos e já conseguia compreender que tudo que acontecia em nossa vida, fosse de bem ou de mal, concorria para o nosso progresso moral e espiritual.

– Danilo, meu querido, está dormindo? – era sua tia Angelina que lhe afagava o rosto com suavidade.

- Oi tia, tudo bem? - disse abrindo os olhos devagar.

- Desculpe tê-lo acordado - disse a senhora, sentando-se em uma cadeira ao seu lado. - Podemos conversar por alguns minutos? Preciso lhe falar e julgo seja esse o melhor momento, já que quase nunca você está em casa.

- Eu não estava dormindo, tia, só pensando nas maravilhas que Deus realiza na vida de Seus filhos e em como isso repercute em nosso aprendizado diário.

A senhora sorriu com suavidade.

- Meu filho, que bom ver você falar assim. Julguei que sua relação com Deus não fosse das melhores.

Danilo observou a senhora por alguns instantes. Danilo amava sua tia, que tentando suprir a ausência de sua mãe Laura havia oferecido a ele e a irmã Lídia, os melhores dias de sua juventude.

Era nos braços da tia que ele se abrigava, quando, sofrendo maus-tratos na escola, entrava chorando em casa, tentando fugir de seus perseguidores. Era a tia que lhe contava histórias, quando o sono insistia em não vir, era a tia que o ajudava com as lições de casa, que apartava as brigas entre ele e a irmã; era aquela senhora bondosa que estava à sua frente, que o consolava quando sentia falta de sua mãe que quase não via por causa do trabalho. Era a tia, a presença mais constante em sua vida, na de sua irmã e também sua grande amiga.

Danilo fitou-a com interesse:

– Tia, eu já sei de tudo!

A senhora se sentia intimamente sem jeito.

– Danilo, eu...

– Tia, não precisa mais esconder minha história. Só fico triste por ter sido enganado todo esse tempo.

A mulher baixou os olhos, envergonhada:

– Andei conversando com Lídia, ela me falou que vocês têm conversado sobre tudo o que você descobriu, mas saiba que o que fizemos foi unicamente para proteger você.

Danilo se manteve firme:

– Confesso à senhora que, antes eu me desesperei, mas agora que eu sei os porquês, consigo entender melhor o que aconteceu.

A senhora diminuiu o tom de voz, a fim de não serem ouvidos por mais ninguém.

– Como você descobriu? Sempre fomos tão cuidadosos com esse assunto.

Danilo também buscou ser discreto.

– Eu descobri tudo no dia do meu aniversário, quando ao entrar no escritório, ouvi você e meu pai conversando.

– Por que não nos disse antes? Por que ficou sofrendo sozinho durante todo esse tempo? – indagou.

Danilo tinha a voz trêmula quando respondeu:

– Não tive coragem, me acovardei. E sinto muito por isso.

– Danilo, eu sempre fui a favor que você soubesse que era adotado e foi justamente isso que eu estava dizendo a seu pai naquela hora.

Danilo se apressou em responder:

– Eu sei, eu ouvi. Mas ele ficou tão nervoso... Mas, graças a minha mãe, tudo foi esclarecido.

A senhora Angelina estacou lívida. Pensou que fosse desmaiar.

– Como assim? Graças a sua mãe?

Danilo sabia que as explicações seriam longas. Ofereceu uma cadeira para que a tia se sentasse à sua frente.

– Sim, tia. Lídia não lhe contou algo mais?

– Não, o que mais eu deveria saber?

Danilo foi enfático e objetivo ao responder:

– Sobre como toda essa história se confirmou.

A jovem senhora tentou se acalmar, mas suas mãos tremiam de ansiedade.

– Não, ela disse que você mesmo o faria assim que fosse possível.

Danilo falou quase sussurrando:

– Escute bem, tia Angelina, tudo que eu sei e os detalhes dessa minha história, foi minha mãe que me contou.

Ao ouvir aquilo, a senhora ficou extremamente nervosa. Deixou cair um enfeite de vidro que estava sob um elegante aparador que ficava na varanda e sobre o qual seus dedos tamborilavam.

– O quê? Como assim? Sua mãe está morta!

Danilo continuou sua narrativa.

– Sim, eu sei, minhas duas mães estão mortas, mas foi através delas que eu descobri toda a verdade.

– Danilo, o que você está dizendo?

– É o que você está ouvindo, tia. Minhas duas mães, tanto minha mãe Laura, quanto minha mãe Jandira, me contaram toda a verdade, quando me encontrei com elas em um sonho, num mundo que chamam de mundo espiritual.

A mulher sorriu ainda nervosa:

– Não, não é possível. Isso deve ser alguma brincadeira.

Danilo foi incisivo em sua narrativa:

– Não, não é tia e mesmo antes de sonhar com minha mãe Jandira, ela já havia me aparecido.

– Aparecido? Como assim? Assim de verdade, como se tivesse um corpo?

– Sim, como num corpo de carne assim como o nosso.

– Conte-me direito essa história, eu ainda não consegui entender – disse a mulher num estado de pura agitação.

– Tia, ao saber do meu segredo, fiquei realmente desesperado e aí, num gesto de extrema loucura, eu tentei...

– Tentou o quê? – perguntou a senhora com medo de ouvir o que o sobrinho iria lhe dizer.

Danilo caminhou nervoso pela sala enquanto narrava aqueles acontecimentos:

– Eu pensei em acabar com tudo, me jogando na baía, no escuro das docas, mas foi aí que ela apareceu e me pediu que eu não fizesse aquilo, me fazendo perceber que eu não estava só em minha dor, que em algum lugar, existia um ser superior cuidando de mim e de todos os seres. A sensação foi simplesmente indescritível!

– Meu filho, meu querido, nem posso imaginar perder você – disse a senhora levantando-se, indo ao encontro do jovem e o abraçando com sofreguidão.

Danilo lhe beijou as mãos com carinho:

– Tia, eu sei que você acredita em céu e inferno, na punição de Deus, mas a história que me aconteceu é realmente surpreendente e redirecionou a minha vida, as minhas verdades.

A mulher se sentou novamente, prestando muita atenção naquelas revelações:

– O que de tão interessante você descobriu? Estou muito curiosa para aprender também.

– Que o inferno é um estado de desarmonia em nosso mundo interior, refletindo, também, no ambiente em que nos localizamos, por afinidade com outros espíritos em condição similar ao nosso pensamento.

– E o céu? O que é o céu?

– O céu é um estado de harmonia íntima e onde quer que estejamos, se a nossa consciência estiver tranquila pela prática do bem, estaremos em sintonia com a espiritualidade superior, Deus, os anjos, espíritos superiores ou como quisermos chamar.

A mulher estava realmente perplexa. Sua cabeça fervilhava de emoções diferentes.

– Tudo isso é realmente fascinante. São conceitos novos, sobre os quais nunca havia pensado antes.

E Danilo continuou a explicar com vagar:

– A morte não existe, tia. Conversei com minha mãe Laura e conheci minha mãe Jandira, que se fazendo visível para mim em uma noite da qual me arrependeria pelo resto da vida, me ajudou a compreender tudo isso. Desde aquele dia, tenho agradecido a Deus a permissão para que tudo isso se tornasse possível.

A senhora fixou os olhos no rapaz que se tornou pensativo. Estava na hora de reverter aquela situação.

- Fale com Antônio, diga a ele que já sabe. Esse segredo não pode mais separá-los.

Danilo beijou as mãos da senhora com carinho.

- Farei isso, tia Angelina. Depois de tudo o que passei e descobri, me sinto mais forte para ter essa conversa com meu pai.

- Fico feliz que pense assim. Eu não tive filhos, você e Lídia são meus filhos emprestados e a única coisa que desejo, é ver vocês dois muito felizes!

- Obrigado, tia. Seremos felizes sim, eu prometo - disse Danilo abraçando a senhora, que se dirigiu ao interior da casa, a fim de repensar todas aquelas revelações.

cap 12

NAQUELE MESMO DIA, Danilo resolveu que precisava vencer todos os medos que habitavam seu coração e decidiu conversar com seu pai sobre o segredo que envolvia as suas vidas.

Esperaria que ele chegasse do trabalho, no

finalzinho da tarde e, munido de toda a coragem que estava aprendendo a utilizar na resolução de seus problemas, conversaria com ele sobre aquela revelação que em tão pouco tempo, havia modificado toda a sua vida.

Até aquele momento, Danilo havia sido um jovem tímido, sem iniciativa, perdido em seu próprio mundo pessoal. Seu pai lhe dizia que ele precisava mudar aquele seu jeito de ser, caso quisesse seguir uma carreira promissora à frente das empresas gerenciadas por ele, mas Danilo sabia que esse processo não era tão fácil quanto parecia. Tudo era uma questão de exercício do autoconhecimento e da autoestima.

Danilo estava ansioso. Depois da conversa que tivera com sua tia, buscou ler um livro, assistiu televisão, jogou jogos no computador, mas só conseguiu relaxar realmente, quando através da janela de seu quarto, viu seu pai chegar e estacionar seu carro na espaçosa garagem.

Desceu as escadas correndo a fim de encontrá-lo e qual não foi sua surpresa, quando o pai cruzando com ele, que descia as escadas apressado, lhe disse animado:

– Danilo, meu filho, há muito tempo não nos falamos. Que tal termos uma conversa antes da Angelina nos chamar para o jantar?

Danilo ficou extático. Parecendo poder ler seus pensamentos, seu pai o havia convidado para o tão esperado colóquio, encontro adiado por ele durante tanto tempo.

Seguindo seu pai, entraram os dois no escritório, trancando a porta, para que ninguém os incomodasse.

– Sente-se, meu filho – convidou o homem livrando-se do paletó e gravata, e servindo-se de uma bebida que estava no frigobar.

Servindo-se e sorvendo um gole de uísque, se dirigiu a Danilo, perguntando:

– Você me acompanha, filho?

Danilo esquivou-se da oferta:

– Não, obrigado. O senhor sabe que eu não bebo, não fumo...

E como o pai ainda o olhasse intrigado, complementou:

– Aliás, o senhor sabe muito pouco de mim, não é verdade?

O homem fitou o jovem com desconfiança.

– Por que toda essa cobrança, filho? Aconteceu alguma coisa?

Depois de alguns instantes, continuou:

– Eu sei que eu não tenho sido um bom pai para você e para Lídia, mas você sabe que o trabalho exige muito de mim e eu preciso me dedicar aos negócios, para poder manter o alto "nível" de nossa família.

Danilo foi sarcástico quando afirmou:

– Ter uma família feliz não depende só do que o dinheiro pode comprar, de ter tudo o que se deseja... Família para mim significa outra coisa.

– E o que é família para você? – perguntou o senhor Antônio interessado.

Danilo, vencendo a timidez e o desejo de não se sentir ridículo perante o pai, que o fitava surpreso, deixou que lágrimas brotassem de seus olhos claros e falou emocionado.

- Família para mim significa união, amor, respeito e, principalmente, sinceridade.

Seu Antônio ficou lívido. O que Danilo estaria insinuando? Será que havia descoberto o segredo que ficara tanto tempo escondido na família Mendes Aguiar?

Depois de alguns instantes, Danilo continuou:

- Não adianta mais fingir, meu pai, eu sei de tudo.

O homem, levando profundo baque com aquela revelação, sentiu intenso calor a lhe tomar a face.

- O que você está dizendo, meu filho? Do que está me acusando?

- O senhor tem mesmo certeza de que não sabe?

Seu Antônio enrubesceu. Foi com dificuldade que conseguiu perguntar:

– Como você descobriu?

Danilo também falou com voz baixa:

– Ouvi quando você e minha tia Angelina conversavam na noite da minha festa de aniversário.

Senhor Antônio não sabia o que dizer.

– Danilo, eu...

– Já sei o que o senhor vai me dizer, que não me contou antes para me proteger...

– E verdade, filho. Tudo que sempre quisemos foi proteger você de todos os males.

– E me deixaram viver apoiado nessa grande mentira? Vocês nunca pensaram em como eu me sentiria no dia em que soubesse que fui enganado?

– Você teve tudo. Boa casa, comida farta, as melhores escolas. O que te faltou?

– Faltou sinceridade!

– Meu filho, você está sendo injusto conosco.

Danilo levantando-se, caminhou nervoso pela sala:

– Você sabe que eu quase atentei contra minha própria vida?

Seu Antônio levou intenso choque:

– Meu querido, meu filho, não sei o que dizer...

Danilo continuou com voz arrastada:

– Mas quando eu julguei que tudo estava perdido, que era melhor morrer do que viver envolvido por uma mentira, uma mulher me salvou, me devolveu a vida.

– Uma mulher, que mulher? – perguntou o homem com interesse.

– Sabe quem era ela, meu pai? – disse Danilo sentando-se novamente.

O homem continuava mudo, sem palavras. Fitando-o.

– Jandira, minha mãe, que estava zelando por mim.

Seu Antônio quase se engasgou ao perguntar. Estava pálido como um papel:

- O que você está dizendo?

- O que você está ouvindo. Na noite em que desejei me atirar nas águas da baía, essa mulher que depois eu soube ser minha mãe biológica, apareceu na hora e me fez refletir sobre a grande besteira que eu iria fazer, me condenando ao sofrimento por muitos anos.

- Aquela que lhe deu a vida, está morta, Laura, sua mãe adotiva também. Como é possível? Que história impressionante é essa!

- É uma história totalmente verdadeira, respondeu o jovem. A morte não existe, meu pai, só perdemos esse corpo, que é a nossa vestimenta de carne, segundo eu tenho aprendido. Viveremos para sempre como espíritos que somos e voltaremos a nossa verdadeira vida, que é o mundo espiritual.

- Meu filho, nunca te ouvi falar assim. Estou realmente surpreso.

- Tenho aprendido muitas coisas, meu pai. Um mundo novo de conhecimentos se descortinou à minha frente e estou me sentindo um privilegiado ao poder conhecer tudo isso.

– Fico feliz por você, filho. Você está diferente, ousado, sabe o que quer...

– Você sempre me julgou um fraco...

– Não, meu filho, você não é, nunca foi. Eu reconheço que exigi demais de você, mas o meu objetivo era torná-lo mais forte. Eu peço que me perdoe!

– Agora está tudo bem, pai. Deixemos o passado no passado. O mais importante agora é seguirmos nossas vidas, construindo o nosso futuro.

– Eu quero muito aprender mais sobre esses assuntos.

– Eu estou lendo, pesquisando. Um dia eu te conto com mais detalhes e você vai ficar realmente maravilhado.

– E que livros você está lendo? O que está tomando como base?

– Os livros que contêm ensinamentos sobre a doutrina espírita. O primeiro livro foi *O Livro dos Espíritos,* publicado no ano de 1857 e é uma obra codificada por Allan Kardec, que recebeu esses ensinamentos dos próprios espíritos.

– *O Livro dos Espíritos*? Que título interessante. Deve ser uma grande obra. Fiquei curioso para ler.

– É, pai, é realmente um livro fantástico. E foram todos esses ensinamentos que me ajudaram a reconstruir a minha vida.

Seu Antônio levantando-se, abraçou o filho e juntos choraram copiosas lágrimas de amor e perdão.

– Eu te amo, meu filho querido, amo muito, como se você fosse um filho saído de minhas entranhas e tenho muito orgulho de você.

Depois de alguns minutos, leve batida na porta se fez ouvir. Era Angelina, que ao ser convidada pelo irmão para que entrasse, surpreendeu-se com a cena.

Ao adentrar a biblioteca, a mulher também se emocionou. Encontrou Danilo e o pai emocionados e enxugando as lágrimas.

– Vim avisar que o jantar será servido em alguns minutos e encontro pai e filho conversando e reatando antigos laços de carinho.

Danilo abraçou o pai, que retribuiu o afago.

– Hoje nós nos conhecemos um pouco mais e isso foi muito bom – disse o rapaz.

– Vocês precisavam dessa conversa há tanto tempo!

– Pode crer que sim, Angelina. Pode crer que sim – afirmou seu Antônio.

E os três, saindo do escritório, foram se juntar a Lídia, que também já os aguardava para o jantar.

cap 13

NAQUELE DIA, DANILO ficou extremamente feliz com o recado que encontrou sobre sua mesa na escola. Era Sônia, que preocupada com ele, pediu para encontrá-lo num momento que julgasse oportuno.

Danilo não podia negar a felicidade que

sentiu ao receber o recado, mas a prudência dizia que precisavam se encontrar às escondidas, já que da última vez que estiveram juntos, Sônia dissera a ele que estava saindo com Renan e que havia a possibilidade de um namoro entre eles.

Respondendo o recado da jovem, combinou de buscá-la por volta das nove horas da noite, horário que julgou mais apropriado para o encontro.

No horário combinado, parou o carro na esquina da casa da jovem. Em breves minutos, Sônia saiu apressada e seguiram rumo ao seu destino.

Buscaram um recanto afastado da cidade, que era um mirante muito conhecido como ponto turístico, mas que estava deserto àquela hora da noite.

Danilo tinha o coração sobressaltado e o peito arfante. Gostava de Sônia e mesmo que tivesse se afastado dela, não podia negar o sentimento que ainda lhe tomava a alma. A moça era bonita, encantadora e gentil e Danilo sentia-se privilegiado por merecer o seu amor.

Chegando ao topo do mirante, sentaram-se em um banco de pedra e observando a cidade que cintilava lá embaixo, envolvida por aquela noite estrelada, iniciaram uma conversa que mudaria para sempre as suas vidas.

– E então, o que de tão importante você quer me falar? – indagou o jovem.

Sônia gaguejou um pouco ao responder:

– Eu estava muito preocupada com você. Nunca mais conversamos, você me evita.

Danilo baixou a cabeça envergonhado. Sônia tinha razão. Para evitar mais problemas, ele vinha evitando a moça, mesmo que seu coração desejasse o contrário.

Resolveu se desculpar, tentando justificar sua atitude:

– Da última vez em que conversamos, você me disse que estava namorando o Renan – disse fitando a moça bem fundo nos olhos.

Sônia respondeu com voz tímida:

– Eu disse que estava saindo, não namorando com o Renan.

– Eu pensei...– retrucou ainda Danilo.

– Pensou errado. Saímos algumas vezes, mas resolvi pôr fim a esses encontros – respondeu a moça incisiva.

– Por quê? O que houve? – indagou Danilo curioso.

Sônia falou devagar como se estivesse revivendo situações desagradáveis.

– Renan é um rapaz imaturo e violento e o seu ciúme estava tornando a minha vida um inferno.

Danilo ficou surpreso com a revelação.

– Ele me contou que te amava muito e que o seu grande sonho sempre foi ser seu namorado.

Danilo observou que o semblante da jovem ficou alterado.

– Ele disse isso a você? Porque o que ele sente por mim eu não posso classificar como amor!

Danilo tentou acalmá-la segurando suas mãos com suavidade:

– O que houve? Por que você ficou tão nervosa?

Sônia quase fraquejou ao dizer. Estava ruborizada.

– É que a minha concepção de amor é diferente!

Danilo também quase não conseguiu perguntar, envolvido pela emoção do momento.

– E qual é a sua concepção de amor?

Sônia resolveu que era hora de abrir seu coração, revelando o sentimento que trazia há muito tempo guardado em seu peito:

– Amor é o sentimento mais puro que alguém pode sentir por outro alguém. Nada de posses, cobranças ou amarras. Amor é o que sinto por você!

Aquela revelação deixou Danilo em choque e ele, não resistindo mais àquele apelo, tomou a moça em seus braços e a beijou apaixonadamente.

O universo parecia abençoar aquele amor. As estrelas cintilaram mais forte e muita emoção tomou conta daqueles dois corações.

Depois de alguns instantes foi Sônia quem retomou a conversa, sentindo-se ainda emocionada:

- Por que não pode dar certo, meu amor? Só porque somos de classes sociais diferentes?

Danilo ficou envergonhado ao lembrar do pedido de seu pai. Mas naquele momento, nada daquilo importava, só o sentimento. Aquilo era uma loucura, resquícios da ignorância alimentada pelos homens.

Por isso resolveu abrir seu coração:

- Eu também te amo, Sônia, e tenho sido um tolo ao negar esse amor.

Sonia se aninhou no peito do rapaz. Aquele era o momento mais feliz de toda a sua vida. Saber que Danilo também a amava significou um grande presente de Deus.

Depois de um breve tempo retomaram a conversa:

– Eu queria te perguntar, meu querido. O que você descobriu sobre sua mãe verdadeira?

Danilo, aproveitando o momento, resolveu contar o que tanto afligia seu coração:

– Sônia, eu não quero ter segredos para você...

A moça fitou seus belos olhos azuis que estavam mais brilhantes do que nunca.

– Você sabe que pode confiar em mim!

Danilo relaxou no banco, sentindo-se mais à vontade para continuar a conversa.

– Você acreditaria se eu lhe dissesse que descobri minha história através de algumas visões e um sonho?

– Como assim? Explique melhor – pediu a moça interessada.

– Na noite do meu aniversário, quando ouvi a conversa entre meu pai e minha tia, saí de casa desesperado e pensei em acabar com tudo. A dor da revelação de ser adotado estava acabando comigo.

– Oh, meu amor! Não suporto pensar nessa ideia – disse Sônia abraçando-o nervosa.

Danilo fitou-a profundamente e afastou-a com carinho, para que pudesse continuar a narrativa:

– Não quero que fique horrorizada, minha querida, mas naquele momento de dor, não consegui pensar em mais nada, a não ser desertar da vida!

Sônia estava lívida. Sentia-se trêmula só com a possibilidade de ter perdido seu amado.

– E aí? Conte-me mais...

– Felizmente, apareceu uma mulher misteriosa nas sombras da noite, que me fez desistir daquele ato infame e que me confortou em meio a minha dor.

– Uma mulher misteriosa?

Danilo fitou o horizonte com olhos perdidos. Parecia querer rememorar a cena que havia ressignificado toda a sua vida.

– Sim, uma mulher diferente, quase uma sombra, mas trazia um perfume envolvente e uma paz tão intensa, que não consigo descrever em palavras.

Sônia ouvia interessada.

– O que aconteceu depois?

– Depois daquela noite, ela me visitou algumas vezes. A princípio não entendi muito bem como ela chegava e saía sem ser vista, tão envolvido estava em minha dor, mas aos poucos fui percebendo que ela não era uma pessoa real.

– Não era real? Como assim? – indagou a moça realmente curiosa.

– Ela era um espírito, Sônia, o espírito de minha mãe, que morrendo logo após ter me dado para adoção, apareceu para me ajudar – disse Danilo quase gritando, sua voz fazendo eco no silêncio da noite.

Sônia ficou apreensiva. Danilo estava extremamente nervoso. Um breve silêncio se fez entre os dois.

– E então, o que me diz? Você deve estar pensando que eu sou louco?

– Por que eu pensaria assim? – respondeu a jovem com serenidade. – Eu acredito em você, e a presença dos espíritos em nossa vida é mais real do que possamos imaginar.

– Você acredita em espíritos? – perguntou Danilo curioso.

Sônia respondeu com suavidade:

– Sim, Danilo, eu frequento uma casa espírita. Isso para mim não é nenhuma novidade.

– Você, espírita? Nós nunca falamos sobre isso!

– Você nunca me perguntou. E além do mais, eu não sairia por aí, espalhando as minhas convicções religiosas.

Danilo lhe tomou as mãos com sofreguidão:

—Diga-me como é possível os espíritos se comunicarem com os vivos?

– Bem, Danilo, vamos por partes – disse a jovem.

E como Danilo ainda a observasse com espanto, retirou da bolsa a tiracolo, um pequeno exemplar de *O Livro dos Espíritos* e exibiu sorridente:

- É o meu livro de cabeceira, também o meu livro de estudos, e o trago sempre junto a mim. Nele, Allan Kardec, o codificador da doutrina espírita, no capítulo 05, intitulado "Manifestações físicas e espontâneas", no item de número 85, traz a seguinte colocação:

"Já dissemos que as manifestações físicas têm por fim chamar a vossa atenção para alguma coisa e convencer-vos da presença de um poder superior ao homem."

- Chamar nossa atenção? Você acha que foi isso que aconteceu em meu caso particular? - indagou Danilo curioso.

- Acredito que essa permissão foi dada a sua mãe para que ela pudesse ajudá-lo na questão do suicídio. Você estava com sua fé abalada e foi necessário um fato dessa natureza para poder mexer com a sua sensibilidade, com os seus sentimentos.

E como Sônia se mostrasse interessada, Danilo continuou sua história:

- Nosso encontro seguinte aconteceu durante o sono. Elas me disseram, tanto minha mãe biológica quanto minha mãezinha Laura que também estava com ela, que iriam trabalhar as minhas células mentais para que eu pudesse me lembrar de tudo que me foi revelado quando eu acordasse. Jamais poderia supor que isso fosse possível.

Sônia servindo-se ainda do pequeno livro de bolso, leu para Danilo outra resposta aos seus questionamentos:

- É ainda *O Livro dos Espíritos* que nos esclarece, na questão 414: *"Duas pessoas que se conhecem podem visitar-se durante o sono?"*

E os espíritos responderam:

- Sim, e muitas outras que pensam não se conhecerem se encontram e conversam. Podes ter,

sem que o suspeites, amigos em outro país. O fato de visitardes, durante o sono, amigos, parentes, conhecidos, pessoas que vos podem ser úteis, é tão frequente que o realizais quase todas as noites.

Danilo estava realmente fascinado com aquelas explicações. Mesmo que já tivesse descoberto tantas coisas relativas ao mundo espiritual, desvendado por suas mães, no sonho elucidativo que tivera com elas, ouvi-las da boca de sua amada era realmente especial. E Sônia continuou:

– Na pergunta 415, encontramos também: *"Qual pode ser a utilidade dessas visitas noturnas, se não as recordamos?"*

"Ordinariamente, ao despertar, resta uma intuição que é quase sempre a origem de certas ideias que surgem espontaneamente, sem que se possa explicá-las, e não são mais que as ideias hauridas naqueles colóquios."

Danilo estava perplexo. Aquele fato para ele era extremamente novo, espíritos que se visitavam, que se ajudavam e que continuavam a se amar, além da eternidade. Se ele não tivesse passado por aquela incrível experiência de ter estado e visitado suas mães no mundo espiritual, jamais acreditaria.

- Sônia, como os homens aprenderam sobre esses fatos? - perguntou Danilo à jovem que respondeu com muita propriedade:

- A comunicação entre os dois mundos existe desde os primórdios da humanidade. Muitos povos antigos já acreditavam em reencarnação. Allan Kardec escreveu as obras básicas baseado nos espíritos que se comunicavam através das mesas girantes, mas tudo isso veio à tona, de uma forma mais abrangente em um vilarejo chamado Hydesville, no Estado de Nova York. Uma menina de sete anos e sua irmã de dez anos conversavam, através de batidas, com um espírito chamado Charles Rosma, um mascate que havia sido assassinado na casa onde moravam e que seu corpo físico se encontrava enterrado na parede da adega. As meninas criaram um código de comunicação e conseguiram obter muitas informações sobre o episódio ocorrido com o espírito assassinado, e isso se tornou um marco na história dos fenômenos paranormais.

– Isso é incrível, e eu que julgava a princípio que a morte era o fim.

– Agora você já sabe que não, Danilo. Os espíritos não são como muitas pessoas imaginam, seres abstratos ou indefinidos, mas ao contrário, são seres reais, que possuem sua individualidade e são imortais.

E como o rapaz ainda a fitasse perplexo, a moça continuou:

– Meu querido, em meio a tantas informações novas, o que de mais importante você descobriu em tudo isso?

Danilo fitou Sônia com extremado amor e explicou:

– O mais importante que eu descobri, Sônia, é que minhas mães vivem em um outro mundo e essa foi a experiência mais incrível que eu já tive em toda a minha vida!

Sônia pedindo a Danilo que retornassem, pois já estava ficando muito tarde, prometeu continuar a oferecer a ele todas as explicações que ele precisasse, através dos ensinamentos contidos no estudo da doutrina espírita.

cap 14

A MANSÃO DA família Mendes Aguiar estava enfeitada e luminosa naquele dia de um final de dezembro.

Luzes ovaladas, acopladas a arabescos abstratos, enfeitavam o jardim e refletiam luminosidade furta-cor sobre espelhos que foram colocados nas duas antessalas. Um caminho de flores, dos mais variados matizes, se estendia do portão até a entrada da porta principal, fazendo com que os convidados sorvessem o aroma das flores ao atravessá-lo.

Era o dia do casamento de Danilo e Sônia, que depois de dois anos de namoro e noivado, se comprometiam naquele dia, a empreender um caminho de felicidade ao unirem suas vidas pelos laços do amor e da cumplicidade.

Sônia, esplendorosamente bela, vestia um vestido de cetim com pedrarias que ladeavam o busto. Na cabeça, imenso véu caindo em cascatas, lhe concedia aspecto angelical.

Danilo, com elegância discreta, vestindo um terno cinza escuro com uma faixa azul turquesa e gravata da mesma cor, sentia-se o homem mais feliz da face da Terra, por desposar a jovem que era para ele, o grande amor de sua vida.

Depois de todas aquelas revelações, o mais importante que havia acontecido a ele, era aprender a lutar por todas as coisas que concorreriam para a sua felicidade, inclusive pela oportunidade de ser feliz ao lado da mulher amada.

Com sinceridade e franqueza, falou a seu pai da importância de lutar por seu amor e fez ver a ele que amar e ser amado, verdadeiramente, valia muito mais do que a condição financeira que ambos apresentavam e que essas diferenças eram situações criadas pela ignorância do próprio homem.

A jovem Sônia, apesar de pertencer a uma família simples, desprovida de recursos materiais, recebera de seus avós educação esmerada, e era uma jovem prendada, inteligente e dotada de excelente caráter, condição que mais havia chamado a atenção de Danilo.

Sônia, bela e radiante, recebia os convidados com doce alegria. Para ela, menina humilde, criada com inúmeras dificuldades, aquele era um momento novo, não só pelo casamento com o herdeiro de todo aquele império, mas pela oportunidade de poder compartilhar com Danilo, as verdades contidas nos ensinamentos espíritas.

Sônia era espírita assim como seus avós e poder revelar a Danilo, tudo o que estava aprendendo através do estudo daquelas verdades, também lhe concedeu uma nova alegria.

Sônia rememorou em sua mente, tudo o que havia acontecido durante todo aquele tempo. As mudanças ocorridas com seu amado Danilo ao reconhecer a imortalidade da alma, os espíritos como seres inteligentes da criação, a reencarnação e a comunicabilidade dos espíritos em nossas vidas, o haviam tornado uma pessoa diferente.

O intercâmbio com o mundo espiritual havia dado um novo sentido à vida do rapaz e também de toda a família, que através daquela experiência, também se integrou à casa espírita que Sônia frequentava e estavam estudando sobre os porquês e o aprendizado de nossas vidas, sobre as novas oportunidades que nos eram apresentadas a cada momento.

Danilo agora era uma pessoa diferente. Mais seguro de si, já conseguia se posicionar quanto as suas necessidades, seus gostos e a timidez excessiva estava cedendo lugar a um rapaz correto e autoconfiante, que conquistava a todos a cada dia, não só por ser o filho do grande empresário daquela comunidade, mas por suas atitudes e qualidades, também no trato com seus subordinados.

O rapaz, terminando os estudos e iniciando uma faculdade de administração de empresas, começou a trabalhar junto ao pai nas empresas da família e revelava-se um excelente profissional, que já conseguia retirar de seu trabalho o seu sustento e o de sua esposa.

Uma grande reviravolta se dera, com resultados extremamente positivos e ele, assim como ela, estavam gostando do resultado.

Sônia também estava diferente. Integrada a toda aquela nova rotina, estava estudando fotografia, um dos seus maiores sonhos e enquanto a família não aumentasse, pretendia se dedicar àquela nova atividade, a fim de preencher suas horas.

Renan, o amigo e colega de estudos, sabendo que nada mais tinha a fazer quanto ao sentimento que Danilo e Sônia nutriam um pelo outro, deixou o caminho livre e prestando vestibular para uma conceituada faculdade, foi estudar na Europa, seguindo também o seu caminho.

Enfim, a família Mendes Aguiar depois de tantas lutas, havia recebido, ou melhor, conquistado aquele importante presente.

Buscando um breve momento onde pudessem ficar sozinhos, Danilo e Sônia conversavam, enquanto os convidados valsavam ao som de lindas músicas.

– Meu esposo querido. Fico feliz por ter

você, por amar você. Ser sua esposa, poder ser sua companheira até o final de nossas vidas, me deixa em um estado de muita alegria. Você foi o maior presente que já recebi em toda a minha vida!

Sônia estava linda, com os olhos brilhando de amor. Danilo fazendo na esposa um carinho no rosto, respondeu também emocionado:

– E eu também estou muito feliz por ter aprendido a ser forte, a lutar pela minha felicidade, da qual você é a grande parte.

Um aroma de flores invadiu o ambiente. Luzes que não podiam ser vistas a olhos materiais, se espalharam pela sala, tornando o ar rarefeito e agradável.

Danilo, num sussurro, confessou à esposa:

– Gostaria muito que minha mãe, ou melhor, as minhas mães estivessem aqui nesse momento.

Sônia sorriu um sorriso lindo.

– Quem sabe elas estão, apenas não podemos vê-las. Tenho certeza de que a sua felicidade também é a felicidade delas, que tanto lutaram por você mesmo morando em outro mundo.

– Você quer dizer, a nossa felicidade? – brincou Danilo.

– Sim, a nossa felicidade, pois sempre me senti também muito amparada pelas vibrações de amor das duas, que também considero não como sogras, mas como minhas mães espirituais.

– Sendo assim, vamos aproveitar um pouco mais a nossa festa? – pediu Danilo puxando a esposa para que valsassem no salão.

– Sim, meu amado, essa festa é nossa e que todos aproveitem esse grande momento onde convidamos a todos a celebrar conosco o nosso grande amor.

Danilo aquiesceu ao pedido da esposa e saíram valsando pelo salão, sob o aplauso de todos os convidados.

Em um outro plano, luzes magníficas clareavam o ambiente, sustentando aquele clima de grande felicidade.

Na verdade, também havia uma grande festa entre os espíritos responsáveis por aquelas pessoas.

Um grande grupo de espíritos no plano extrafísico lançava vibrações de amor e paz sobre todos os presentes. Entre os espíritos, estavam também Jandira e Laura, que se preparariam para retornar àquele lar, como filhas gêmeas de Danilo e Sônia, a fim de empreenderem todos juntos, um longo caminho de regeneração.